W. Wiesike

Münchehofe bei Wendisch-Buchholz

Ein Streifzug in die Meissensche und Märkische Kirchengeschichte

W. Wiesike

Münchehofe bei Wendisch-Buchholz
Ein Streifzug in die Meissensche und Märkische Kirchengeschichte

ISBN/EAN: 9783743449367

Hergestellt in Europa, USA, Kanada, Australien, Japan

Cover: Foto ©ninafisch / pixelio.de

W. Wiesike

Münchehofe bei Wendisch-Buchholz

Münchehofe

bei Wendisch-Buchholz.

Ein Streifzug

in die

Meissensche und Märkische Kirchengeschichte

von

W. Wiesike,

Pastor.

Berlin.
Im Verlage der Königlichen Hofbuchhandlung
von E. S. Mittler & Sohn.
1870.

Herrn Ober-Consistorial-Rath

Dr. A. Tholuck

zu Halle a. d. S.,

seinem hochverehrten Lehrer

in herzlicher Dankbarkeit

gewidmet

vom

Verfasser.

Münchehofe unter dem Bisthum Meissen bis 1518.

Münchehofe (früher Monchehofe, Mönchhoffe, Münchhoffen geschrieben,) ist kein Mönche Haus oder Berg, wiewohl sein Kirchlein auf einer Anhöhe liegt. Der Name, mit ff geschrieben, soll auch nicht von hoffen abgeleitet werden. Wenigstens die Hoffnung der Mönche, sich hier weiter auszubreiten, ist nicht in Erfüllung gegangen, und wenn das Dorf sich auch räumlich entwickelt hat, so ist das geschehen, als die Hoffnung der Mönche aufhörte. Münchehofe soll vielmehr einen Mönchshof oder eine Station von Mönchen bedeuten, wie es dergleichen noch mehrere in der Mark z. B. bei Dahlwitz und bei Müncheberg giebt. Unser Münchehofe ist bei Wendisch-Buchholz gelegen, das so genannt zum Unterschied von neun andern Buchholz, die in der Provinz zerstreut liegen. Es giebt in der Nähe noch mehrere Orte, welche den Beinamen Wendisch tragen oder trugen: Wusterhausen, Rietz und Stansdorf. Münchehofe gehörte nun zu der alten Herrschaft Beeskow-Storkow und jetzt zu dem landräthlichen Kreise gleichen Namens. In kirchlicher Beziehung lag es zuerst in dem Sprengel des Bisthums von Meissen. In der Stiftsmatrikel desselben vom Jahre 1346 kommt der Name Mönchhofe vor. Sehn wir uns die Bewohner dieser Gegenden nach der Völkerwanderung etwas näher an.

Die Wenden waren ein freies, tapferes Volk, das unter Fürsten und Knesen stehend, in Dörfern, Städten und Festungen lebte, Fischerei, Jagd, Ackerbau, Viehzucht, Töpferei trieb, Waffen aus Eisen schmiedete und Jahrhunderte lang mit den Deutschen, als sie als Christen in die einst verlassenen Gegenden zurückkehrten, einen heißen Kampf auf Leben und Tod um den Besitz der sandigen Mark, ihres Herdes, kämpfte. Wenn jetzt der Charakter der Wenden als einer vom germanischen Elemente unterdrückten Nation, oft verschlossen und mißtrauisch erscheinen will, so finden wir doch bei ihnen noch jetzt Gastfreiheit und Arbeitsamkeit; aber bei entschiedener Vorliebe für väterliche Sitte, Musik und Gesang, auch Trunksucht und Gewaltthätigkeit. Ein Zug von Ernst und Schwermuth ist ihnen eigenthümlich; aber ebenso beim schrillen, kreischenden Ton der Geige, angeregt durch berauschendes Getränk und in schnell wirbelndem Tanz, ein Zug wilder, ungezügelter Ausgelassenheit. An ihrer kurzen Kleidung von bunter, heller Farbe, an ihrem bräunlichen Teint erkennt man sie noch heut. Ihre Vorfahren waren die gefürchteten Feinde der Deutschen; gleich den Dajaken drangen sie plötzlich vor aus dem Dickicht der Wälder oder warfen sich auf der Flucht in ihre schnellen Kähne, um in den wasserreichen Gegenden den feindlichen Angriffen zu entkommen.

Ihre Religion, die sie aus dem Innern Asiens mitgebracht, bietet manche Aehnlichkeit mit dem Cultus der alten Inder dar. Sie hatten aus der Götterlehre der Germanen, auch wohl der Römer manches angenommen. Ihr Götze Suantevit ward mit vier Köpfen dargestellt, um eine größere Fülle als die menschliche Kraft und Macht darzustellen. Triglaff hatte drei Köpfe, welche entweder die Zeit: Gegenwart, Vergangenheit und Zukunft, oder die Herrschaft über Himmel, Erde und Unterwelt vorstellen sollten. Seine obere Hälfte wird als Weib, einen Halbmond vor der Brust haltend, dargestellt: als Gott der Fruchtbarkeit. Rhabigast stand in Mannesgestalt, mit Spieß und Schild bewaffnet, auf einer Säule. Ein Stierhaupt, (das mecklenburgische Wappen soll noch davon abstammen,) schmückte den Schild, ein Adler den Helm. Stier und Adler sollten Kraft, Schnelligkeit und Herrschaft bezeichnen. Die Wenden verehrten auch

Götter, welche Himmelszeichen oder Elemente versinnbildlichten. Jutrobog war Gott der Morgenröthe, Tur Sonnengott und Kriegsheld. Ihnen zu Ehren wurde das Frühlingsfest mit Maien und Schalmeien, mit Gesang und Tanz gefeiert. Sie hatten einen Gott des Wassers, der Haine, Herden, Wächter, eine Göttin der Kälte und des Todes, also eine ziemlich ausgebildete Mythologie.

Die Götzen, die zum Theil auf Säulen (Stolp) standen, waren aus Holz, Thon, Stein oder Metall gearbeitet. Tempel aus gemauerten Steinen gab es z. B. bei Brandenburg auf dem Harlunger Berge. Doch wurden die Götzen auch in Hainen, auf Bergen, unter Eichen, Buchen u. s. w. verehrt. Große Opfersteine bildeten die Altäre, auf welchen man Früchte des Feldes, aber auch Stiere, selbst die Köpfe der erschlagenen Feinde zum Opfer darbrachte. Gesang und Tanz, Siegesgeschrei und Zechgelage der Opfernden waren damit verbunden. Die Rauenschen Berge bei Fürstenwalde mit ihren Granitblöcken werden als Opferstätten bezeichnet. Von ihren Priestern Pupe (russisch Pope), die vornehmeren Mikke, der Oberpriester Kriwe genannt, durfte der des Suantevit allein dem Götzen den Tisch decken, sein Roß an die Krippe führen, binden und füttern. Auch dem Triglaff wurde ein schwarzes Pferd gehalten, aus dessen Sprüngen, je nachdem es Stangen, die auf die Erde gelegt waren, berührte, Glück oder Unglück geweissagt wurde.

Bei der jahrhundertlangen blutigen Fehde zwischen den Deutschen und Wenden interessirt uns eine Eroberung des Markgrafen Gero, weil in einer alten Urkunde Ortschaften aus der hiesigen Umgegend, welche in seiner Markgrafschaft lagen, genannt werden. Im Jahre 1004 den 8. August wohnte nämlich Kaiser Heinrich II. der Heilige auf Bitten des Abtes Eggihard zu Nienburg an der Saale der Einweihung des von ihm erbauten Klosters bei. Er schenkte nach Beendigung der Feierlichkeit, damit sein, seiner geliebten Gemahlin, seiner Eltern und seines Vorfahren, des Kaisers Otto III. Name beständig erhalten werde, dem Kloster zwei Städte Triebus und Luibocholi, und die Ortschaften Mroscina, Erothisti, Liubsi, Zlupisti und Gostowissi mit allem, was Dietbert im Gaue Lusici und in Geros Landschaft zum Lehen gehabt. Entweder ist nun Triebus das jetzt zu Debrilugk gehörige Dorf Trebbus, oder das zu Beeskow gehörige Trebatsch; Luibocholi entweder Leibchel im Lübbener Kreise, oder die Stadt Wendisch Buchholz. Die Orte liegen alle im Umkreis von 1—3 Stunden von Münchehofe. Liubsi könnte das früher zu Münchehofe gehörende Dorf Leibsch, früher Lubisch geschrieben, und Zlupisti vielleicht das in der Nähe liegende Schlepzig sein. So bietet diese alte Urkunde aber Anhaltepunkte dar, zu welcher Zeit und von wem in hiesiger Gegend die Wenden unterworfen sind. (1.)

Es hat während dieses langen, harten Wendenkrieges der Kirche nicht an Märtyrern gefehlt; doch sind damals nicht, wie man heut zu Tage in den Missionsschriften lesen kann, genaue Berichte darüber verfaßt, welche Christen bei einem Ueberfall einer Station ihr Leben verloren haben. Was uns überliefert ist, bezieht sich auf die Spitzen der kirchlichen Institute, die Bischöfe und Aebte. Aber man kann daraus den Schluß machen, wenn sie solche Drangsale erleiden mußten, wie viel mehr die Priester und Laien in den aus Deutschen und Wenden bekehrten Gemeinden. Bischof Dobilo von Brandenburg wurde erdrosselt, Volkmar mußte mit dem Markgraf Dietrich fliehen, Lusso wurde 1030 von den Polen gefangen weggeführt. Der Leichnam des Bischofs Dobilo ward 976 aus dem Grabe gerissen (die Wenden verbrannten ihre Todten) und geschändet. Vor Albrecht dem Bär haben überhaupt die Bischöfe von Havelberg und Brandenburg nur in einzelnen Zwischenzeiten eine unsichere, zweifelhafte und trübsalreiche Existenz gehabt. Sie hielten sich meist bei ihren Metropoliten zu Magdeburg auf und warteten fast nur in partibus infidelium (unter den Ungläubigen) ihres Amtes.

Eine Legende wird dem Besucher des ehrwürdigen Brandenburger Doms erzählt, nach welcher ein Bischof bei einer Christenverfolgung, von einem Hunde begleitet, auf den Kirchenboden sich geflüchtet, dabei aber in der Hast den Hund getreten, welcher durch sein Bellen den Feinden den Versteck angezeigt habe. Um nun nicht in ihre Hände zu fallen, habe er sich durch eine Oeffnung im Kirchengewölbe, die noch gezeigt wird, herabgestürzt und dabei seinen Tod gefunden. Ein Leichenstein dieses Bischofs in der Nähe davon, zu seinen Füßen ein Hund, sei zur Erinnerung daran aufgestellt. Leider ist aber der Stein aus dem 15. Jahrhundert, und das Thier zu den Füßen kein Hund, sondern ein Löwe.

Sonst werden Johannes, erster Abt von Lehnin, und Ritzo, erster Abt von Zinna, welcher beim Ueberfall der Wenden 1179 oder 1181 seinen Tod fand, unter andern zu den Märtyrern gezählt. Die Nachrichten über das Märtyrthum in diesen Gegenden sind spärlich oder apokryph.

Wenn aber das Schreiben des Erzbischofs Adelgott von Magdeburg, welches von dem Bischof Hartbrath von Brandenburg 1115 mit unterschrieben ist, auch nach Buchholtz untergeschoben ist, so enthält es doch nichts Unwahrscheinliches und ist mit einer solchen Gluth der Begeisterung abgefaßt, wie unter dem Eindruck der schwersten Christenverfolgungen, daß es uns ein lebendiges Bild davon entwirft: „Es sind wider uns aufgestanden und haben uns überwältigt die grausamsten Heiden, Leute ohne alle Barmherzigkeit, und die sich ihrer unmenschlichen Bosheit rühmen. Diese haben die Kirchen Christi mit ihrer Abgötterei entheiligt, die Altäre der Erde gleichgemacht, und scheuen sich noch nicht an uns zu verüben, worüber das menschliche Gemüth erstaunt. Sie überfallen zum öftern unsere Gegend und schonen Niemand, rauben, morden, schlagen und martern auf das Grausamste. Etliche enthaupten sie und opfern ihren Götzen die Köpfe. Andern reißen sie die Eingeweide aus dem Leibe und hängen die abgehauenen Hände und Füße auf mit den Worten: Wo ist nun ihr Gott? Andere lassen sie am Kreuz zu desto größerer Qual eine Zeit lang leben, welches ärger als der Tod selbst ist, indem sie mit eignen Augen sehn müssen, wie sie durch Abschneiden aller Glieder vom Leben zum Tode gebracht und ihnen zuletzt aus dem aufgeschlitzten Leibe die Därme jämmerlich herausgerissen werden. Die meisten schinden sie lebendig, und wenn sie ihnen die Haut über den Kopf gezogen, so fallen sie ein in die christlichen Länder, geben sich für Christen aus und nehmen Alles mit. Die Fanatischen aber unter ihnen rufen bei ihren Festmahlzeiten, wild in Reden: Köpfe will unser Pripegala (Triglaff?)! Opfer müssen ihm gebracht werden. Pripegala aber soll Priapus oder der unzüchtige Baal-Peor sein. (4. Mose 25, 1—3.) Alsdann werden vor ihren Schandaltären den Christen die Köpfe abgeschlagen und mit gräulichem Geheul schreien sie: „Laßt uns die Tage der Freude begehen. Besiegt ist Christus, gesiegt hat der stets siegreiche Pripegala!" Dergleichen Plagen erdulden wir entweder ohne Aufhören, oder leben deshalb in Furcht, weil wir herzlich seufzen, daß die Feinde stets weiter vordringen, oder alle ihre Unternehmungen ihnen glücken."

Es werden dann Bischöfe und Fürsten zum Feldzuge gegen die Wenden eingeladen, welche die abscheulichsten sind, deren Land aber von Milch und Honig überfließend, das beste ist, und mit dem, wenn es bebaut wird, an Fruchtbarkeit und Erzeugnissen kein anderes verglichen werden kann. „So sagen wenigstens die, welche es kennen. Deßhalb ihr Sachsen, Franken, Lothringer, Flandrer, ihr starken Bezwinger der Welt, hier könnt ihr euer Leben gewinnen und das beste Land zum Eigenthum erobern." (2)

Durch die Gründung der Markgrafschaft Brandenburg, mit welcher Albrecht der Bär vom Kaiser Conrad belehnt wurde, sowie durch die der Ostmark, die er schon besaß, hielt er mit gewaltiger eiserner Faust die gebrochene Macht der Wenden nieder. Die Lausitz stand mit den Herrschaften Beeskow-Storkow dadurch im Lehnsverhältnisse unter den Askaniern, bis sie 1363 mit dem böhmischen Königreiche vereinigt und von einem Landvoigt als Stellvertreter des Kaisers verwaltet wurde.

Albrecht suchte nun durch Ansiedlungen und Zuzüge deutscher Colonisten aus Flandern, vom Rhein und den Niederlanden, welche Länder durch Ueberschwemmungen gelitten, diese wendischen Gegenden zu germanisiren und das durch langen Krieg verödete Land wieder anzubauen. Diese Colonisten ließen sich zunächst in den Städten nieder, wo die Zahl der Wenden schwand, da sie sich allmählich mit den Deutschen vermischten, während sich auf dem Lande das wendische Element länger erhielt. So weisen noch die Namen Kochan, Bullan, Rischan, Matan, welche sich Jahrhunderte lang in den alten Kirchenbüchern finden, auf wendischen Ursprung hin. Dagegen kommen auch häufig verschiedene aus Taufnamen verdorbene Formen vor: Frisco, Fritsche aus Friedrich; Heince, Hensco, Häntschel, Hentsche, Henze aus Heinrich; Jentzcov, Jentsch, Jäntsche, Jänisch aus Johann; Tischkow (Dietsch), Thileman, Thilike, Diezmann aus Theodorich rc. In den alten Urkunden der Markgrafen von Brandenburg wird auch noch der wendische Adel (nobiles slavici) unterschieden von dem deutschen. Wendischen Ursprungs rechnet man die von Treskow, Kahlbuz, Lüderitz, Britzke und Görzke. Die Herren von Ploto werden in den Urkunden Albrechts des Bären auch Plote genannt, während sich bei den edlen Gänsen von Putlitz auch der Name Ante, wendisch = Gans findet. (3.) Wendische Knesen herrschten über die Bewohner dieser Gegend, welche zu den Lusitschanern (Lausitzern) und Zpriawaner (Spreewanern) gerechnet wurden.

Die Herrschaft Beeskow-Storkow gehörte aber in den ältesten Zeiten den Herren von Strele. Daher stammen die drei Sensen im Stadtwappen von „Besikowe" von strele böhmisch Sense oder Sichel. Dieselben waren mit dem mächtigen Geschlechte der Herren von Biberstein verschwägert, in deren Besitz 1377 die Herrschaft übergeht.

Fragen wir, was als Grund des hartnäckigen Widerstandes der Wenden angesehn werden kann, so war es einmal der Verlust ihrer politischen Freiheit, den sie fürchteten, andern Theils die Art ihrer Bekehrung. Die Lehnsverfassung war zu der Zeit vollständig in Deutschland ausgebildet, und in keinem andern Lande wurde sie je durchgreifender eingeführt als in der Mark und Lausitz. Sodann kam aber auch die römische Kirche in einer der ursprünglichen Reinheit und Lauterkeit des Evangeliums mangelnden Gestalt zu den Bewohnern dieser Gegenden, daß die Herzen nicht durch volksthümliche Predigt des Evangeliums gewonnen, sondern durch äußere Gewalt meist zur Annahme des Christenthums gezwungen wurden. Der Bestand der römischen Kirche dauerte hier kaum 400 Jahre; zwei Jahrhunderte waren nöthig, um die Bisthümer von Havelberg, Brandenburg, Meißen und Lebus gegen feindliche Ueberfälle zu schützen und zu befestigen. Wir wollen indeß das Gute des ersten Eifers, der Zucht und des Gesetzes der römischen Kirche zum Empfänglichmachen für die freie Gnade des Evangeliums nicht verkennen. Das Gesetz ist ein Zuchtmeister auf Christum gewesen. Galat. 3, 23—24. Die schwere Arbeit und Mühe der Unterdrückung des wendischen Götzenthums schlägt man immer noch zu gering an, und diejenigen, welche von der Mission unter den jetzigen Heiden gleich Massenerfolge verlangen, sollten einmal die alte Missionsgeschichte gründlicher studiren, dann würden sie erkennen: gut Ding will Weile haben. In der Kirche zu Storkow ist dies am Altarraum drastisch genug ausgedrückt. Oben am Gesims, wo die Rippen der Bogen des Gewölbes beginnen, sieht man an diesen Capitälern breite, verzerrte Menschenantlitze, wendische Physiognomien, wodurch der Baumeister der alten Kirche den Sieg über die Götter der Heiden wohl darstellen wollte.

Dahin deutet auch die Sage von den Lütkenbergen zwischen Buchholz und Hermsdorf. Dort wohnten kleine (lütje) Leute, welche von den Bergen in die benachbarten Dörfer stiegen, sich Spaten und Aexte liehen, Kinder wiegten und Niemand etwas zu Leide thaten. Nur verspottet oder verachtet zu werden, konnten sie nicht ertragen. Als aber die Kirchenglocken von Münchehofe in den Wäldern erschallten, verschwanden sie, weil sie ihren Klang nicht ertragen konnten. Waren es Wenden, die allmählich hier christianisirt wurden?

Der Gegensatz der beiden Völker dauerte übrigens noch Jahrhunderte fort. So nahmen die Beeskower Gilden keinen von wendischer Abkunft an. Bischof Dietrich von Lebus muß noch 1502 seinem Stifts-Unterthanen Burghard Czibler ein Zeugniß ausstellen, daß er „unverrückter Ehren rechter teutzer art ohn allen Tadel geboren und sein Vater frommen und redlichen Herkommens gewesen sei, sammt seiner ehelichen Frawe." (4.) Auch thut 1457 der Magdeburger Schöppenstuhl den Rechtsspruch, daß der Bürgermeister von Beeskow mit 6 altgesessenen Bürgern eidlich die Gewohnheit erhärten soll, daß dort Personen von wendischer, Töpfers und Baders Abkunft nicht zu den Gilden (Zünften) zugelassen werden. (5.) Dort gab es noch bis zum Jahr 1626 einen deutschen und wendischen Diakonus. (Subdiakonus.) Später mußte der deutsche zugleich wendisch predigen. (6.) Selbst zu den Zeiten des Superintendenten Rönisch zu Storkow um 1720 wurde die Predigt für die „eingepfarrten (wendischen?) Bauern" unter der Hochmeß zu Weihnachten a parte in der Schule oder auf der gemauerten Kanzel an der Kirche gehalten. „Warum sollten die armen Bauern nicht wie andere Leute in die ordentliche Kirche gehn dürfen?" so fragt er und stellt die Unsitte ab. (7.)

Werfen wir nun einen Blick auf die Kirche zu Münchehofe, welche in ihrer ursprünglichen Anlage von unbehauenen Feldsteinen und Lehm aufgeführt ist — der Anbau aus gebrannten Ziegelsteinen rührt aus späterer Zeit, wovon unten weiteres, — so können wir auf die Frage, wann ist die Kirche gegründet, und zu welchem Mutterkloster hat sie gehört, keine historisch genaue Antwort geben. Wahrscheinlich war Münchehofe eine Station des reichen Cistercienser-Klosters Dobrilugk in der Lausitz, wenn es nicht zu einem Kloster in Thüringen oder Anhalt gehört hat. Vergl. das Nähere hinten. — Nach der geographischen Lage liegt es an der Grenze derselben, 3 Stunden von Lübben, wo Paul Gerhardts Grabmal ist, 1 Stunde vom untern Spreewald entfernt, von allen Seiten vom dichten Walde umgeben. Die am südlichsten gelegene märkische befestigte

Stadt war „das Stetichen Mittenwalde", welches Bischof Friedrich von Lebus, kurfürstlicher Kanzler, 1473 in einem Schreiben an den Kurfürsten Albrecht, in welchem er es als ganz ausgebrannt seiner Gunst empfahl, „ein porte gein dem land zu lusitz, ein slüssel des Lands" (eine Pforte gegen das Land zu Lausitz, einen Schlüssel des Landes) nennt. (8.) Es schien nun strategische Weisheit, die Grenze des Wendenlandes, um einen Aufstand der schon Unterworfenen nieder zu halten, mit einem Gürtel von festen Orten zu umgeben. Aus ihnen entstanden später zum Theil Raubburgen. Denn da die Wenden unterdrückt waren, so ergriffen die fehdsüchtigen Ritter (Quitzows), der trägen Muße überdrüssig, bei der eingerissenen Verwilderung im Vaterlande die Waffen und kehrten sie gegen die Städte, Klöster und die reisenden Kaufleute, die sie früher geschützt hatten. Die Burgen waren durch Wasser, Sumpf, starke Mauern und Gräben bewehrt, so Teupitz (Tupz), früher den Schenken von Landsberg gehörig, Krausnick (Krüsnick), Groß und Klein Wasserburg, Buchholz und Münchehofe. Auch letzteres (das heutige Dominium) war mit Schloßgräben umgeben. Es scheinen die Mönche dort Zuflucht gefunden und gewohnt zu haben, vielleicht unter dem Schutz eines Klostervoigts, da sich sonst hier keine Spur eines klosterähnlichen Gebäudes findet.

Wenn nun dies Land auch keins war, wo Milch und Honig fleußt, so war es doch für die Wenden für Fischfang, Jagd und zur Töpferarbeit recht geeignet. Das Amt Beeskow zählte 1518 19, Storkow 15 größere und kleinere Seen, auf welchen gefischt werden konnte, die Spree mit ihren verschiedenen Armen und ihrem Nebenfluß Dahme nicht gerechnet. Zwar sind die alten Wälder mit ihren Buchen, Eichen, Birken, in denen die Wenden jagten, und woran noch die Namen Buchholz, Eichholz, Birkholz erinnern, verschwunden; aber dichte Föhrenwälder breiten sich meilenweit aus. Alte schöne Eichen befinden sich mit geringen Ausnahmen nur noch im Spreewalde. Der Reichthum an Wild zog früher sogar die Jagdlust der Nachbarn an. Im Erbregister von Storkow vom 15. Juni 1518 heißt es [9.]:

„Es hat wohl ehemals der Landvoigt von Lübben, Herr Heinrich Dunckel, zu jagen unterstehn wollen (im Wildwerder
zwischen Bretschen und Alt-Schadow) nicht bei unsern Zeiten,
sondern weil den Herrn von Sachsen die Herrschaft verpfändt
gewesen (1477). (10.) Es seindt aber gedachtem Landvoigt die Netze
und Hunde genommen, auch seine Diener, so nicht entkommen,
gefänglich angenommen und gegen Storkow geführt und enthalten, letzlich aber die Diener entledigt, und die Hunde und
Netze behalten worden, also daß sie sich der Jagd und Gerechtig-
keiten haben enthalten müssen." Man denke sich die Ausdehnung
der Wälder in der Herrschaft von Fürstenwalde im Norden bis
hinunter nach Brötjchen (Brötz, Brötzen), wo George
Lange damals einen Ort Landes „ausrahden und verwüsten und
daraus hat Wiesen machen lassen." (11.)

Dreihundert Jahre zuvor hatten ihm aber schon die Mönche
dazu ein Vorbild gegeben. Diese betriebsamen Männer lichteten
die Wälder, trockneten die Sümpfe aus, machten aus dem wilden
Boden gutes Ackerland, legten Weinberge an. So heißt noch
heute der Berg neben dem Pfarrgarten der Weinberg. Freilich
Wein ist seit langer Zeit nicht mehr dort gebaut. Der letzte
Weinmeister, Martin Lede, starb 14. September 1772 zu
Münchehofe im Alter von 83 Jahren. Die Mönche bauten
Maiereien, Mühlen, gruben Karpfenteiche (wahrscheinlich hinter
dem Park des Schloßgartens). Sie bekümmerten sich um Vieh-
und Bienenzucht. Der Richter (Schulze) von Mönchhoffe
mußte an das Amt zu Storkow „ein Maaß Honigk-Zinß"
geben. (12.) Im eigentlichen Sinne richteten die Cistercienser
Mönche Musterwirthschaften ein, zu einer Zeit, da es noch keine
landwirthschaftlichen Akademien und Zeitungen gab und haben sich
um die Cultur der Mark großes Verdienst erworben. Da es ihnen
weder an Fleiß noch an den nöthigen Hilfsmitteln und Arbeits-
kräften fehlte zur Bebauung des Bodens und Aufführung solider
Gebäude, und sie anfangs wenigstens ein durch ihre Statuten
geregeltes, ordentliches, fleißiges Leben im Schweiße ihres An-
gesichts führten, so konnten sie schon den bekehrten Wenden

hierin ein gutes Vorbild geben. Viele Meiereien, Weinberge, Karpfenteiche sind mit ihnen verschwunden. Daß sich diese Mönche auch um den Unterricht des Volkes kümmerten, wiewohl wir für die unsrer Station keine Beweise haben, geht aus dem Zeugniß der ersten Kirchen-Visitatoren hervor, welche den Lehniner Mönchen das Zeugniß gaben, „daß diese Orden hiervor allein Schulen, darin die Jugend wohl aufgezogen und in guten Künsten und Gottes Wort und Diensten instituirt worden, gewesen." (13.) Doch hat es zur Heiligsprechung in der Mark Niemand gebracht. Der h. Benno ward in der Lausitz erst zu Luthers Zeiten unter die Heiligen versetzt, als Münchehofe nicht mehr zu Meissen gehörte. Benno, aus dem Geschlecht der Grafen von Woldenberg, früher Domherr zu Goslar, war zu Anfang des XII. Jahrhunderts der zehnte Bischof von Meissen. Er hatte es mit der Partei Gregors VII. gehalten und an einer Versammlung der Freunde desselben zu Berka (Gerstungen) im Januar 1085 Theil genommen und war in Folge dessen nach dem Beschluß der Gegenpartei mit andern Bischöfen abgesetzt und aus Meißen vertrieben. Er unterwarf sich aber später dem unter Einfluß des Kaisers Heinrich IV. gewählten Papste Clemens III. und ward wieder in sein Bisthum eingesetzt, hat dasselbe treulich verwaltet und in der Lausitz namentlich viele Kirchen gegründet. Hochbetagt und geachtet von seinen Zeitgenossen entschlief er 1106 den 16. Juni. Sein Grabmal wurde schon 1285 nach dem Neubau der Domkirche ein Gegenstand besonderer Verehrung. Die Besucher des Doms erhielten 40 Tage, 1455 aber von drei Cardinälen 100 Tage Ablaß. Benno's Gedächtnißfeier ward 1307 zu den hohen Festtagen der Diöcese gerechnet und feierlich begangen. Herzog Georg, der entschiedene Gegner Luthers, trug endlich 1000 Gulden zum „löblichen Werk" der Canonisation des Benno bei, deren Empfang die Domherren quittiren, 1524 den 16. Juni. (14.) Endlich, 31. Mai 1523, wurde er vom Papst Hadrian VI. unter die Zahl der Heiligen versetzt durch die Bulle Exelsus Dominus. Dies sollte die wankende römische Kirche stützen helfen. Jedem wahrhaft Bußfertigen und Beichtenden wurden 7 Jahre und 40 Tage Indulgenzien der auferlegten Kirchenstrafen bewilligt. Luther aber schrieb dagegen sein Büchlein vom Abgott zu Meißen. Das Domkapitel wandte sich aber am 29. März 1524 an den Cardinal und Erzbischof **Albrecht** von Mainz, er möchte die Bulle von der Heiligsprechung an die Kirchenthüren zu Magdeburg, Halle und Halberstadt anschlagen lassen und „bey den ören (Ihren) verschaffen, daß solchem anschlage schimpfliche schmehe adder (oder) lesterunge, wie denn czu dieser zeit leider gewönlich geschieht, nicht zugefügt, uff daß got der allmechtige in schmehunge seiner lieben heiligen zu ungnediger harter straffunge nicht gereizt noch bewegt werde." Sonst stand noch Graf Wichmann, angeblich der erste Prior des **Dominikaner-Klosters** zu **Neu-Ruppin**, im Geruch der Heiligkeit. Sein Convent hielt ihn auch für einen Wunderthäter. So waren die Märker an ausländische Heilige gewiesen. Unter dieser Wolke von Heiligen wird nun der h. Erasmus oft genannt. Er war Bischof einer Stadt des antiochenischen Patriarchats zu Anfang der Diocletianischen Verfolgung 303, ging aus allen Martern frei aus und entschlief hochbetagt zu Formiä in Campanien, unweit Gaëta als Bischof in Frieden. „Er trug auch den Namen Ermo oder Elmo, (nach ihm ist das St. Elm's-Feuer benannt) und gehört zu den Vielen, deren Nachruhm weit größer ist, als die Geschichte ihres Lebens und Todes klar und gewiß." (15.) Sonst war unter andern in der Mark die Verehrung des h. Sebastian, welcher als Hauptmann der kaiserlichen Leibwache wegen seiner Christentreue und Wunder von mauretanischen Bogenschützen durchschossen und vom Kaiser Diocletian 288 wegen seines herrlichen Glaubens-Bekenntnisses zu Tode geschlagen war, und des h. Nicolaus, Bischof zu Myra † 352, eines treuen Freundes der Armen, der ihnen namentlich in der Theuerung durch Beschaffung von Getreide half, weitverbreitet und ihre Altäre reich dotirt, Heilige, die man bei Krankheiten, Krieg und Landplagen anrief.

Was nun die **Kirchen** betrifft, so gilt für eine der ältesten in der Nachbarschaft die von **Wittmannsdorf**, deren breiter Thurm schon längst dem Einsturz nahe ist. Auf dem Kirchhofe steht noch eine uralte Linde. Nach der Ueberlieferung soll unter derselben zuerst den Wenden das Evangelium gepredigt sein. Auch auf dem Kirchensiegel findet sich ein Baum dargestellt. Weit und breit ragen die Kirchen von Beeskow, Storkow, Bernau, Mittenwalde aus der sandigen Ebene hervor. Die Beeskower Stadtkirche, eins der schönsten Denkmale altdeutscher Baukunst, wurde wahrscheinlich im 13. Jahrhundert im gothischen Styl erbaut. Die Decke besteht aus Kreuz-Gewölben, welche von starken, massiven Pfeilern getragen werden. Jedes der drei Hauptschiffe ist 75 Fuß hoch. Die Höhe des Thurmes vom Erdboden bis zur Spitze beträgt 217 Fuß. (16.) Denn es war damals noch ein Wetteifer unter den Städten, ein schönes Gotteshaus zu besitzen.

Diese Kirche war mit dem zuerst gegründeten Hospital nach dem Tode des Markgrafen Waldemar (Beeskow gehörte übrigens zu den wenigen Städten der Mark, welche wie Spandau, Frankfurt a. O. und Briezen zum falschen Waldemar nicht abgefallen waren,) von Rudolph I. von Sachsen dem Cistercienser-Kloster Neuzelle geschenkt. In einer Urkunde vom 25. Jan. 1380 verfügt B. Nicolaus von Meißen auf Anfrage des Abts und Convents des Klosters Neuzelle, daß das Hospital zu Beeskow unter den geistlichen Stiftungen dieser Stadt die erste Stelle einnehme und die dortige Pfarrkirche ein Zubehör desselben sei. „Wir wollen auch und gebieten, daß der probist personlichen soll gegenwertig sein nnd wonen; benn die statt ist fast behabt mit volke, auff das er demselben volke und sunderlichen ben kranken im hospitall die heiligen sakrament reiche und die geistliche speiße mag desto milder mittheylen." (17.)

Der fromme Sinn des Mittelalters pflegte aber besonders die Kranken in den dem Andenken frommer, liebethätiger Frauen, der h. Elisabeth, Gertrud, aber auch dem h. Geiste, den Aposteln Johannes, Jakobus, Petrus, dem h. Nicolaus u. a. geweihten Hospitälern. Gewöhnlich waren sie außerhalb der Thore gelegen, um die Ansteckung bei epidemischen Krankheiten, wie der Pest, zu verhüten. Diese Hospitäler, als Pflegeorte

„der Armen Christi", standen unter dem Schutz der allgemeinen christlichen Liebe. Nie hat man gehört, daß ein solches auch in der Zeit der wildesten Fehde überfallen wäre. Als der Rath von Mittenwalde an Stelle des vor seinen Mauern verwüsteten Dorfes Wiristorp eine Hospital-Capelle gründen will, „zur Vermehrung der Gottesverehrung, zum Heilmittel der gläubigen Seelen und Armen Christi, zum Dienst und Erquickung für die Schwachen und Elenden", 17. Aug. 1394, sendet er den Brief zur Bestätigung der Capelle an den Bischof Heinrich von Brandenburg durch den Pfarrer Johannes Schramme von Robcis, „unsern treuen, geliebten Notar, Priester, Landgeistlichen und Vorsteher der Parochialkirche des Dorfes Robcis, zur Brandenburger Diöcese gehörig." (18.) Brandenburg besaß sonst 8 Hospitäler, jetzt 4. Es bestanden außerdem an manchen Orten Genossenschaften, welche sich der Siechen und Kranken noch besonders annahmen, „Elenden-Gilden" genannt. Wenn wir jetzt in manchen Städten größere Krankenhäuser haben, in welchen Hunderte von Kranken auf beschränktem Raum zusammengepfercht sind, und die Pflege derselben durch Diakone und Diakonissen noch an vielen Orten wünschenswerth erscheint, so hatten die mittelalterlichen Hospitäler den Vorzug, daß sie, einstöckig erbaut, meist nur für 12 Personen zur Aufnahme eingerichtet waren, sodann aber, daß sich im Anschluß daran auch eine Capelle befand für den dazu verordneten Gottesdienst.

Der Bischof Franko hatte schon 1373 allen wahrhaft Bußfertigen, welche die Parochialkirche in Beeskow besuchen und ihre Gebete mit Ehrfurcht darbringen und dem Hospital durch Gaben und Legate aufhalfen, einen Ablaß von 40 Indulgenztagen verliehen. Dasselbe wurde 1602 vor das Luckaner Thor versetzt. Nach der Hospital-Ordnung heißt es: „Weil zuvor ohne Unterscheidt Jedermann ohne einig Geldt eingenommen worden, soll hinfüro Niemand als Eines Ehrbaren Raths alte verlebte Unterthanen an Manns- und Weibspersonen, so sich ehrlich und christlich verhalten haben, eingenommen werden." (19.) Es wäre wohl wünschenswerth, wenn man die Statuten der evangelischen Klöster und der daraus hervorgegangenen Stiftungen sammeln wollte. Kurfürst Johann Georg bestätigte noch 1579 die Statuten des Klosters Neuendorf in der Altmark, die in den Grundzügen den unsrer heutigen Diakonissenhäuser gleichen.

Die Verpflichtungen eines Betvaters im Hospital St. Spiritus zu Brandenburg waren noch zu Anfang des achtzehnten Jahrhunderts: daß alle Tage Mittags nach Essen ein Gesang gesungen würde aus Herrn Propst Porst Gesangbuch und dann ein oder zwei Capitel aus der Bibel mit dem Gebet aus Herrn Johann Arndts wahres Christenthum gelesen. Dafür „muß ihm des Tages von dem Bier, so ihm gebraut wird, zween Mal gereicht werden, auch wohl außerhalb der Zeit, wann dazu geklungen wird" u. s. w. (20.) Als die alte Hospital-Capelle zu St. Nicolai in Beeskow eingefallen war, stiftete ein Kaufmann, Becker, 1746 ein Legat von 300 Thlrn. zum Bau einer neuen Hospital-Kirche. Da aber der Bau nicht zu Stande kommt, wird die Summe zur vereinigten Kirchen- und Hospitalkasse geschlagen. (21.)

Die Stadt Storkow, in einer Ebene mitten in Wiesen liegend und von Seen umschlossen, kommt in einer Urkunde 1209 zum ersten Mal vor. Ob der Name von Storchau abzuleiten, (Storch, wend. Batzschon, Baczow, weshalb sich auch im Stadtwappen ein Storch befindet), ist zweifelhaft. Der Kaiser Otto IV. nahm das Kloster Pforta in Thüringen nach jener Urkunde wegen der im Bezirk der Stadt Storkow gelegenen Besitzungen, als die Holt mit 100 Hufen an Culenze, welche dem Kloster vom Markgrafen Conrad von Landsberg verehrt waren, in Schutz. Ob darunter das Fischerhaus Köllnitz, am Wochow-See gelegen, zu verstehen, ist fraglich. (22.)

Die Kirche zu Storkow war dem h. Vincenz und Gangolf geweiht. Im Jahre 1336 verheißt Heinrich, Vicar des Bischofs von Halberstadt, in einer Urkunde denen, welche um den Kirchhof der Kirche des h. Vincenz und Gangolf das Pater-Noster andächtig betend herumgehen, oder die den Priester dieser Kirche, wenn er den h. Leichnam Christi zu den Kranken trägt, andächtig begleiteten, 40 Tage Ablaß. Die Kirche, ein altes gothisches Gebäude, wurde 1569 durch eine Feuersbrunst verheert und darauf im Geschmack des Reformationszeitalters wieder hergestellt, 1861 renovirt, soll sie durch den Bau eines Thurmes eine neue Zierde erhalten.

Die Frömmigkeit der alten Zeit begnügte sich nicht damit, nur **eine** Kirche für die Gemeinde zu haben, sondern mehrere zu gründen. Außer der Nicolai-Capelle gab es in Beeskow noch eine St. Georgs- und eine Marien-Capelle außerhalb der Thore mit einer Marienbrüderschaft, welche sich in dem sogenannten Liebfrauenhofe versammelte und zu größerer Feier des Frohnleichnamsfestes und der Marienfeste verbunden hatte. Alle diese kirchlichen Gebäude sind eingegangen. In Brandenburg zählte man 11 Kirchen und Capellen, von diesen stehen nur noch 8 und 5 davon sind im Gebrauch. In den Kirchen befand sich aber nicht nur ein Altar, sondern deren viele. An denselben wurde nicht Ein HErr als Mittler und Fürbitter, sondern eine ganze Wolke von Zeugen und Heiligen angerufen. So zählte man in der Pfarrkirche zu Beeskow zuletzt außer dem Hochaltar **neunzehn** Nebenaltäre, welche die Bestätigung der Bischöfe von Meissen erhalten hatten: 1) der Altar des Kreuzes, 2) der Altar der h. Anna, 3) der Altar des Leibes Christi, 4) der Altar des Kreuzes auf dem Berge, 5) der Altar der Himmelfahrt Mariä, 6) der Altar der Knochenhauer (Fleischer), 7) der Altar der h. drei Könige, 8) der Altar des Andreas, 9) der Altar Simonis und Judä, 10) der Altar des Sebastian, 11) der Altar des Felix, 12) der Altar des Valentinus, 13) der Altar der Kämmerei, 14) der Altar der 11,000 Jungfrauen, 15) der Altar der h. Dreifaltigkeit, 16) der Altar der Jungfrau Maria, 17) der Altar des Petrus und Paulus, 18) der Altar der Empfängniß der Mariä, 19) der Altar des Erasmus. [23] Man möchte bei dieser Fülle an das Wort des Apostels Paulus denken: „Ihr Männer von Athen (der Mark), ich sehe euch, daß ihr in allen Stücken allzu abergläubig seid." Apg. 17, 22.

Ein Theil der Altäre verdankt seine Entstehung der Neigung nicht nur einzelner Corporationen und Zünfte, sondern auch einzelner bemittelter Adligen oder Bürger, für sich und die Ihrigen besondere Altäre errichten oder Gottesdienste (Messen) feiern zu lassen. So hatte der Rath der Stadt seinen besondern Altar, so die Zünfte, z. B. Gewandschneider (Tuchhändler), Knochenhauer, (Schlächter) in Beeskow, so die Schützengilde, welche sich 1433 dort zum Schutz ihrer Stadt gegen Hussiten und Raubritter gebildet hatte, den Altar zu Ehren des Leibes Christi und des h. Sebastian. Die Schützen hatten für alle Donnerstage eine Messe gestiftet, wobei der Küster auf dem „Worte" singen sollte, d. h. mit der Orgel begleiten und respondiren. (24.)

Um den Cult in der Herrschaft Beeskow-Storkow näher kennen zu lernen, müssen wir denselben am Sitz des Bischofs zu Meissen näher verfolgen. Im Jahre 1390 war in Rom ein Jubeljahr ausgeschrieben, in welchem die Besucher der vier Kirchen von St. Peter, Paul, im Lateran und zu Maria majore vollkommenen Ablaß erlangen konnten. Der Markgraf Wilhelm I., ein in den Satzungen seiner Zeit befangener, sonst frommer und für das Wohl seiner Unterthanen eifrig besorgter Fürst, bat den Papst Bonifazius IX., dasselbe in Meissen noch einmal abhalten zu lassen. Der Papst bewilligte denn auch, daß vom 27. April 1394 acht Monate hindurch den Pilgrimmen jedes Standes aus Meissen, Thüringen und den Grenzländern bis auf vier Tagereisen Entfernung, dann den Fremden, Edeln, Kaufleuten, Durchreisenden, wenn sie gebeichtet und wenigstens 15 Tage lang die Domkirche, die Kirchen zu St. Afra, zum h. Georg, h. Kreuz, h. Nicolaus, h. Martin, so wie die Minoritenkirche St. Petri und Pauli in Meissen andächtig besucht, desselben vollkommenen Ablasses theilhaftig werden sollten wie in Rom. Der Papst hatte sich dafür die Hälfte der Einnahmen ausbedungen. Wie zahlreich diese Wallfahrten unternommen wurden und welch ein erklecklicher Gewinn in den päpstlichen Seckel abfiel, erhellt aus einem Breve vom 1. Septb. 1395, derselbe betrug 1750 Schock Groschen und 199 Goldgülden (gegen 15,000 Thlr.), die andere Hälfte kam den 5 genannten Kirchen, mit Ausschluß der Domkirche, zu Statten. Ein Nachjubeljahr wurde noch in Cöln, Magdeburg und an andern Orten gehalten. Nach Rom aber wurde schon in Betracht der Ergiebigkeit des geistlichen und bei dem fortwährenden Mangel des irdischen Schatzes — der große Abgrund, der nicht durch Gold und Silber, sondern wie zu Ritter Curtius Zeiten höchstens durch Roß' und Reisige eine Zeitlang wieder geschlossen werden kann — 1400 wieder die Feier eines neuen Jubel-Jahres ausgeschrieben. Schon der Verfasser der großen Belgischen Chronik schreibt darüber: „Man argwöhnte damals, daß dergleichen Concessionen vom Papste mehr aus Gewinnsucht, als aus h. Eifer angeordnet wären." (25.)

In den märkischen Bisthümern ist ein solches Jubel-Jahr nicht gehalten worden; mag nun der Grund davon in der Nähe von Meissen liegen, welches Bisthum nur kurze Zeit unter dem Erzbischof von Magdeburg, dann aber unter dem Papst selbst stand, oder in der Nähe der Stadt Magdeburg selbst — genug, man fand andere reiche Erwerbsquellen durch die Wunder des h. Bluts, wodurch die Gläubigen von ganz Deutschland und den angrenzenden Ländern angezogen wurden. Es ist möglich, daß das von den Wenden vergossene Märtyrerblut, nachdem an Stelle der blutigen heidnischen Opfer nun das unblutige Meßopfer getreten war, Veranlassung dazu gab, daß die Priester die Verwandlung der geweihten Hostie in den wahren Leib und das Blut des Herrn (wider die Kirchenlehre) sichtbar durch ein Wunder demonstriren wollten. Genug, da giebt es das heilige Blut von Belitz, von Zehdenick, vom heiligen Grabe und endlich das berühmteste von Wilsnack. Auch aus einer von den Juden durchstochenen Hostie zu Brandenburg soll Blut geflossen sein. Die erstern beiden der genannten Orte lagen im Brandenburger, die letztern beiden im Havelberger Stiftssprengel. 1247 sollte eine Magd in Belitz eine geweihte Hostie aus dem Munde gezogen und den Juden verkauft, welche dieselbe zerstochen, und als das Blut darnach geflossen, sie der Magd wiedergegeben haben;

2*

diese habe die Hostie zwar versteckt, aber glänzendes Licht um den Ort mußte sie verrathen; darauf entstanden viele Wunderwerke, die große Wallfahrten nach sich zogen; denn der Bischof Rudiger von Brandenburg wußte das für sich vortheilhaft zu benutzen. Zwei Jahre später folgte ein neues Wunder, wie Buchholtz schreibt, „weil das Ding so gut ging", zu Zehdenick. Diesmal waren es nicht die armen Juden, welche dazu Veranlassung gaben, sondern eine Bierschenkin sollte eine Hostie unter eine Biertonne im Keller vergraben haben, damit ihr Bier guten Abgang bekäme. Aber ihr Gewissen beunruhigte sie darüber, so daß sie es endlich dem Priester des Orts bekannte. Dieser grub nach, fand aber keine Hostie mehr, doch quoll reichlich Blut aus der Erde. Damit war das Wunder fertig. Die Wallfahrten gingen auch dahin, und beide Orte wurden reiche Einnahmequellen für den Bischof. 1250 ward ein Cisterzienser Jungfrauen-Kloster errichtet, welches in modificirter Gestalt heut noch besteht. (26.)

Das Cisterzienser Jungfrauen-Kloster zum h. Grabe verdankt seinen Ursprung wieder einem Juden aus Freiberg im Meißenschen, welcher 1287 an einer aus der Kirche zu Techow entwendeten Hostie Frevel verübt haben soll, in Folge dessen Blut aus der Hostie herausquoll. (27.) Wie ist doch das Kreuzigen des HErrn, wovon der Apostel Paulus redet Galater 3, 1 etwas ganz Anderes: O, ihr unverständigen Galater, wer hat euch bezaubert, daß ihr der Wahrheit nicht gehorchet? Welchen Christus Jesus vor die Augen gemalt war und jetzt unter euch gekreuzigt ist.

Das Wilsnacker Wunderblut entstand in Folge der Verbrennung des Dorfes Wilsnack (Wilßnack) durch die Hand des edlen märkischen Raubritters Heinrich von Bülow, 16. August 1383. Er wußte wohl nicht, daß er dadurch einen Brand in ganz Europa anzündete. Der Priester Johannes suchte in den Trümmern der Kirche und fand in einer Nische des Altars die Oblatenschachtel mit drei gesegneten Hostien unversehrt. Gedachte er bei dem Frevel des Ritters durch Schändung des Heiligthums an den Blutschweiß des HErrn auf Gethsemane oder an das Blut am Kreuz, das Er für die Sünde der ganzen Welt, mithin auch für diese vergossen hatte, oder hoffte er durch diese Hostien wieder in den Besitz eines Kirchleins zu kommen, genug er verbreitete die Nachricht, die Oblaten hätten Blut geschwitzt; **denn er hätte sie blutig gefunden.** (Als aber der lutherische Prediger Johann Ellefeld den 28. Mai 1552 den „Abgott" zerstörte und den Krystall in Gegenwart des Caplans, Schulmeisters und Küsters zerschlug, fand er darin geronnenes „Bocksblut", das er auf Kohlen legte und verbrannte, während er die Oblaten bei der Communion verbrauchte. Er mußte dafür auf der Plattenburg sitzen, weil er ohne Wissen des Kurfürsten das Blut vernichtet hatte.) Die Bischöfe Dietrich II. zu Havelberg, Johann von Lebus, Dietrich von Brandenburg, der Erzbischof Peter von Magdeburg hatten den andächtigen Wallfahrern zum Wunderblut reiche Ablässe ertheilt, ebenso der Bischof Rudolph von Schwerin, der Cardinal Philipp von Alençon, päpstlicher Legat in Deutschland, und endlich Papst Urban VI. einen Segen von Ablässen. Ein großes Wunderbuch wurde geführt, in welches alle geschehenen Wunder eingetragen wurden, und von allen Seiten kamen die Wallbrüder zwischen Ostern und Pfingsten herbeigeströmt, selbst eine Königin Dorothee von Dänemark war unter ihnen, und Ungarn und Polen erschienen in Zügen von 400 Mann. Aus dem kleinen Dorfe ward eine Stadt, aus der Dorfkirche ein Tempel gleich einem ansehnlichen Dom. Denn die Pilgrimme ließen reiche Spenden zurück, unter denen man von den Bauern auch Naturalien annahm. Zu diesem Zweck war die berüchtigte Sündenwaage eingerichtet. Auf die eine Wageschale trat der Sünder. Auf die andere mußten soviel Opfer an Geld, Brod, Speck, Eier, Schinken, Käse u. s. w. gelegt werden, bis das Gleichgewicht der guten Werke und Sünden hergestellt war. Unter der Wageschale aber befand sich ein Draht, der von einem schlauen Priester dirigirt wurde, je nachdem der Sünder reich oder arm war. Der Bischof Johann Wepelitz von Havelberg führte übrigens ein, daß jeder Fremde ein bleiernes Zeichen in Gestalt der Hostie mitnehmen und bezahlen mußte.

Der reiche Gewinn davon ward in drei Theile getheilt. Einen erhielt er, den zweiten das Dom-Capitel, der dritte ward zur Erhaltung der Domkirche, für Beschaffung von Kirchengeräthen und Büchern verwandt. Wir können die Geschichte des Wunderbluts, welche von Buchholtz [28] ausführlich beschrieben wird, nicht eingehender erzählen. Es kommt uns nur darauf an, zu zeigen, daß gegen solchen Gräuel der Verwüstung an heiliger Stätte schon vor der Reformation geeifert war, vor Allen von Johann Huß, welcher ein Büchlein schrieb Determinatio quaestionis de sanguine Christi glorificato. Ferner vom Franziskaner Dr. Johann Calbe zu Meissen, den Dominikanern Johann Cuno zu Leipzig und Dr. Johann Wünschelberg zu Hamburg. Besonderes Verdienst aber, die Lüge zu entlarven, erwarb sich der Magister Heinrich Tacke, Domherr zu Magdeburg. Er war ein gelehrter Mann, hatte den Erzbischof Friedrich von Magdeburg auf dem Concil zu Basel vertreten und bei dieser Gelegenheit eine weitläufige Schrift herausgegeben, des Inhalts, daß ein Concilium über dem Papst stehe. Auch der päpstliche Legat Lusanus in Deutschland verdammte 1451 die blutigen Hostien als Betrügereien. Er unterstützte den redlichen Erzbischof Friedrich in seinem Eifer gegen das Wilsnacker Blut, daß dieser in seinem ganzen Sprengel die Wallfahrten dahin verbot, worüber es noch zu einer blutigen Fehde zwischen ihm und dem Bischof von Havelberg kam, welche endlich vom Papst Nicolaus V. 1453 geschlichtet wurde. [29]

Solche Zeugen gegen den Unfug erscheinen als Reformatoren vor der Reformation wie die Morgenröthe einer bessern Zeit, aber die Kirche durchgreifend zu reinigen, vermochten sie nicht.

Zu allen diesen märkischen Wundern standen die Bischöfe von Meissen in keiner nähern Beziehung. Nur zum Bau der Kirche zu Beliz verlieh Bischof Conrad 28. Mai 1252 einen Ablaß von 40 Tagen. [30] Doch braucht dies noch nicht die Anerkennung des dortigen Wunders zu enthalten. Dagegen unterstützte der Meissensche Bischof Johann den Reliquiendienst, wenn auch nicht in seinem Sprengel. Er hatte nämlich verschiedene Reliquien in ein geweihtes silbernes Kreuz gelegt. Diese waren ein Stück vom h. Kreuz, v. h. Johannes, h. Laurentius, h. Cyriakus, h. Odalrikus, Bernhard, Katharina und ihrem Oel, Agnes, Petronilla und Dorothea. Als General-Vicar der Bischöfe Magnus von Hildesheim und Albert zu Minden verhieß er nun allen denen, welche dies Kreuz im Kloster Frankenberg bei Goslar verehren, nämlich den bußfertig Beichtenden, welche das Gebet des HErrn vor dem geweihten Kreuze mit dem englischen Gruße beten, oder den Friedenskuß oder Segen mit demselben demüthig erhalten haben würden, 40 Tage Indulgenzien. (31) Die Reliquienverehrung in der Mark ging jedoch noch weiter nach der Urkunde, die Bischof Johann IV. von Lebus 1405 der Marienkirche zu Berlin ausgestellt. (32)

Um die Marien-Verehrung zu heben, hatte Bischof Dietrich im Dome zu Meissen ein kunstvolles Bild über den Altar der h. Dorothea aufstellen lassen. Er verhieß durch die Urkunde vom 1. Juli 1465 allen denen, welche in aufrichtiger Reue über ihre begangenen Sünden vor dem Bilde ihre Kniee, wenigstens des Herzens gebeugt, das Vater-Unser und den englischen Gruß gebetet, oder ein Licht zur Verehrung der h. Jungfrau angezündet hatten, so oft sie dies thun, 40 Tage Ablaß von den ihnen auferlegten Bußen. (83)

Nun hatten aber die Bischöfe von Meissen viel über Erpressungen des päpstlichen Stuhls zu klagen. Sie waren nicht allzureich dotirt, und die Verarmung der geistlichen Stifter hatte oft weniger ihren Grund in der schlechten Verwaltung, als in den fortgesetzten Geldforderungen, die von der päpstlichen Curie gemacht und meist mit unnachsichtlicher Strenge eingetrieben wurden. Die Bestätigungskosten des Bischofs Rudolph von Meissen betrugen im Jahr 1411 2800 Rh. Goldgulden, die des Erzbischofs Johann von Magdeburg 1467 aber 4067 Ducaten, 61 Goldgulden, 6 Groschen. Außer solchen Abgaben wurden aber auch von päpstlichen Legaten Gelder eingefordert. So sollte dem Nuntius Gregor IX. Johann, Patriarch von

Alexandrien, nach einem päbstlichen Breve auf seiner Reise durch Deutschland nach Böhmen von allen Diözesen, welche er durchzog, jede erforderliche Unterstützung zu seinem Fortkommen gewährt und täglich 15 Goldgulden (40½ Thlr.) baar gezahlt werden unter Androhung der Strafen des Bannes und der Suspension gegen Säumige, die der Nuntius ohne Weiteres auszusprechen die Vollmacht hatte. Es handelte sich um einen Kreuzzug gegen die Türken, der aber nicht zu Stande kam. B. Conrad von Meissen sollte dazu in der damaligen geldarmen Zeit 700 Goldgulden (im Werth von 10,000 Thlr. nach heutigem Gelde) beitragen. Der Erzbischof von Magdeburg, die Bischöfe von Merseburg und Brandenburg sollten einen Theil davon übernehmen, welchen sie natürlich wieder von ihrer Kloster- und Weltgeistlichkeit zu erlangen suchten. Die Antheile waren noch nicht zurückgezahlt; denn Conrad hatte um den Legaten, dessen längeres Verweilen täglich so kostspielig war, nur los zu werden, die Summe vorgestreckt, — als im folgenden Jahr 1373 ein neuer päpstlicher Legat, Vobronio, erschien und den Zehnten von der ganzen Kirchenprovinz forderte. Das war den guten Deutschen doch zu viel. Sie erhoben sich gegen das päpstliche Geldsauge-System wie ein Mann, der Erzbischof mit seinen sämmtlichen Suffraganen und Geistlichen der Provinz, und richteten zu Schloß Giebichenstein bei Halle 21. April 1373 an den Papst ein energisches Schreiben und einen entschiedenen Protest gegen die Zumuthungen des Nuntius. Sie schlossen einen gegenseitigen Vertrag, in dieser Angelegenheit gemeinsam zu handeln. Alles Sträuben half ihnen aber nichts. In Rom giebt es bei Geldsachen keine Indulgenzen. Sie wurden gezwungen, 6000 Goldgulden aufzubringen, was ihnen schwer genug geworden sein mag, da über die letzte Rate erst 1375 im November quittirt wurde. [33a]

Anderer Seits wurde jedoch auch über die Habsucht der Bischöfe geklagt. So erhielt Bischof Thimo von Meissen, der, ein Böhme von Geburt, 1410 starb, vom Papst Alexander V. verschiedene Gnadenbewilligungen, unter anderen den halben

Zehnt der ganzen Diözese wegen Erstattung der Kosten für die Reise nach Pisa, unter Androhung von Suspension und Excommunication, ferner das Besetzungsrecht von zwei Domherrnstellen und 25 Pfründen für Priester, die schon andere Stellen inne hatten, also für die Verleihung derselben ihm wieder bezahlen konnten. Wir sehen, es wurde nicht nur von den Päpsten, sondern auch von den Bischöfen Simonie getrieben.

Höchst auffallend ist am Ende des vierzehnten Jahrhunderts die Zunahme der ertheilten Abläße, was eines Theils auf Habsucht und Eigennutz der Geistlichkeit, andern Theils auf Abnahme von milden Stiftungen, Meßstipendien u. s. w. zu ihrer Unterhaltung Seitens der Laien schließen läßt.

Nun aber suchte man das schon im Fall begriffene Ansehn der Kirche durch Vermehrung des äußern Pomps der Altäre und durch Feste zu stützen. Hierzu war bei dem täglichen Gottesdienste eine namhafte Zahl von Meßpriestern (Vicaren) und Stellvertretern derselben (Capellanen) erforderlich. Dieselben hatten freilich oft nicht einmal ihren Unterhalt davon. Denn für das Lesen einer Seelmesse wurde im zwölften Jahrhundert im Meißenschen 1 Denar = 14 Pfennige = 7 Silbergroschen nach heutigem Werth gegeben. Täglich waren die Kirchen geöffnet, und die Geistlichen hatten darin zu fungiren. Als in Beeskow Streit zwischen dem Propst und dem Schulmeister über die Mitwirkung des letzteren bei dem täglichen Gottesdienst entstanden war, wurde 1418 festgesetzt, daß der Schulmeister mit seinen Schulgesellen und Schülern eine Messe singen sollte mit neun Lectionen und die Laudes „achtbarlich nach Gewohnheit der Christenheit, in der Osternacht drei Lectionen und Laudes, an 13 Feiertagen aber eine Messe mit sechs Psalmen, sechs Lectionen und Te Deum laudamus u. s. w. (34)

Außer dem Fest des Benno ward 1381 ein Fest der h. Anna errichtet. Die Gedächtnißtage der Märtyrer Fabian und Sebastian (20. Januar), der des h. Georg (24. April), des h. Nicolaus (6. December), des h. Nicasius (14. Decbr.) wurden in den Jahren 1384—95 bei der Domkirche zu Festtagen erhoben. Der Marienbienst kommt daneben immer mehr in Aufnahme. Zu den vielen Marienfesten tritt 1391 das von Marien Heimsuchung, welches von der evang. Kirche beibehalten wurde, 1393 ein sonst nicht bekanntes, des Gebächtnisses (commemoratio) 26. Octbr., bei dessen Bestätigung die Administratoren selbst gestehen, daß durch die große Anzahl von Festen die höhere Geistlichkeit einigermaßen belastet sei. Später 1492 ward noch das Fest der h. Lanze auf Wunsch der Herzogin Zedena eingesetzt, ferner des h. Siegismund mit 40 Tagen Indulgenzien. (35) Der Gebächtnißtag des h. Erasmus (3. Juni), Schutzheiligen der Kapelle zu Stolpe, der spätern Residenz der Meißner Bischöfe, war schon von den Päpsten Bonifazius IX. und Innocenz VII. zum Festtage für die ganze Meißner Diözese angeordnet und mit ausgedehnten Abläßen für die Festbesucher beschenkt. (36)

In Folge dessen hatte sich zu Ende des fünfzehnten Jahrhunderts die Menge der Priester so gemehrt, daß in der Domkirche zu Meißen Tag und Nacht Gottesdienst gehalten wurde.

Wenn der Bischof selbst die Messe las, so mußten die Domherren in Person ministriren. An den fünf hohen Festtagen Ostern, Pfingsten, Weihnachten, Mariä Himmelfahrt und am Fest des Schutzheiligen Donatus hatten die vier Domherren, welche Priester waren, die Verpflichtung, Messe zu lesen, an andern hohen Festtagen konnten zu dem Dienst am Hochaltare zwei höhere Vicare zugezogen werden; ein Diakon und ein Subdiakon aus der Zahl der Domherren mußte dabei ministriren. 1256 ward von einem Canonikus eine Stiftung gemacht, die Feier der täglichen Messe zu erhöhen. Es waren etwa 33½ Thlr. nach unserm Gelde ausgesetzt zur Beschaffung von Wachs, Weihrauch, Kohlen, Bücher und zur Unterstützung an die Sänger, den Kirchner und die Schüler. (37) Zur Herstellung der im Kirchendienst nothwendigen Kleider, Meßgewänder, Weihrauchfässer u. s. w. und deren Ergänzung wurde 1246 festgesetzt, daß die aus der niederen in die höhern Ordnungen aufrückenden Domherren die ersten nach Ablauf des Gnadenjahres 2 Mark

Silber abzugeben hätten. Geschmackvolle bischöfliche Insignien (Inful, Stab und Ring von Gold mit kostbaren Steinen besetzt) hatte der fromme König Ottokar II. von Böhmen geschenkt. Dieselben sollten in der Domkirche unter Verschluß des Schatzmeisters gehalten und nur bei Solennitäten vom Bischof bei Festen der Kirche, Krönungen von Fürsten und besondern Festlichkeiten an Höfen, wie Taufen, Trauungen, gegen geleistete Bürgschaft des Wiederablieferns gebraucht werden. — Unter andern besaß die Kirche zu Storkow 5 vergoldete Kelche nebst Patenen. Nach dem Verzeichniß des Kirchen-Ornats von 1572 waren außerdem 14 Meßgewänder von rothem Atlas mit dem Bild des Heilandes gestickt, roth sammetne, violett sammetne, gelbgewirkt mit Röschen, eins verblümt von „heidnischem" Tuch, bunt mit rothen Kreuzen, weiß atlas mit bildlichen Stickereien u. s. w. 20 „Almen" mit Humeralien, 10 Altarbekleidungen, ein silbernes und übergoldetes Kreuz, inwendig mit einem Kryftall, ein übergoldetes Kreuzlein, zwei Glöcklein, zwei Meßbücher, ein Vesperbuch auf Pergament vorhanden. Nach den 5 Kelchen zu schließen, müssen 5 Altäre in der Kirche gewesen sein, von denen einer dem h. Burkhard († 754 als Bischof von Würzburg) geweiht war; wenigstens gab der Rath von Storkow dem lutherischen Pfarrer am Gedächtnißtage dieses Heiligen (10. Octbr.) einen halben Gulden, wahrscheinlich als altes Meßstipendium. Von den 14 Caseln sind 1627 noch 6 vorhanden, aber um 1720 war nichts mehr davon zu finden. (38)

Um Ausbildung der Liturgie erwarb sich Markgraf Heinrich der Erlauchte, ein hochsinniger und von seinen Zeitgenossen gerühmter Fürst, auch als Liederdichter bekannt, große Verdienste. Er hatte nämlich mehrere Stücke der Messe Kyrie Eleison und Gloria in excelsis Deo für die Geistlichen componirt und dem Papst Innocenz IV, 1252 zur Begutachtung übersandt. Derselbe hatte sie in seiner Capelle in Rom singen lassen, sie für angemessen, wohlklingend und den musikalischen Gesetzen entsprechend gefunden, auch den Gebrauch dieser Compositionen für die Geistlichkeit verstattet. Es ist anzunehmen, daß dieselben im Meißner

Sprengel weitere Verbreitung gefunden haben. (39) Auch Gebete für Lebende und Todte werden in einem Schreiben an die Geistlichkeit bringend empfohlen. Dies Schreiben des B. Dietrich vom 15. October 1465 ist insofern interessant, als er sich darin auf die Schrift bezieht. Er führt folgende Stellen an 1. Timoth. 2, 1—4, namentlich die Worte: „welcher will, daß allen Menschen geholfen werde und zur Erkenntniß der Wahrheit kommen". Unter allen versteht er nicht nur die Lebenden, sondern auch die Verstorbenen. Ferner citirt er Matth. 18, 19, Hebr. 10, 31, Pj. 62, 12 und Sirach 38, 23. Den folgenden Vers aber übersieht er: V. 24. „Weil der Todte nun in der Ruhe ist, so höre auch auf, seiner zu gedenken, und tröste dich wieder über ihn, weil sein Geist von hinnen geschieden ist." Die Fürbitte für Verstorbene beweist er ferner aus der Analogie in der Naturbetrachtung. Grandis revera esset inhumanitas, si per nostras aliquantum preces non debeant mortui consolari, quum aliqua bruta suo compatiuntur simili et occurrunt adversa patienti. (Es wäre fürwahr eine große Unmenschlichkeit, wenn wir nicht durch unsere Fürbitten die Verstorbenen ein Wenig trösten wollten; da ja selbst einige unvernünftige Thiere mit ihres Gleichen Mitleid haben und den Schmerzen Leidenden zu Hilfe eilen.) Er verheißt nun, auf die Autorität der Apostel Paulus und Petrus gestützt, 40 Tage Ablaß dem, welcher beim Gottesdienst oder vor dem Sakramentshäuschen knieend ehrfurchtsvoll das Vater-Unser und Ave-Maria beten würde. Ebensoviel erhält, wer einmal für alle Seelen dasselbe betet. Wer aber auf den Kirchhöfen der Diözese drei Vater-Unser und drei Ave-Maria betet, erhält 3 mal 40 Tage = 120 Tage Ablaß. Die Priester im Stiftssprengel von Meißen sollten in Predigten und bei andern Gelegenheiten diese bischöfliche Verordnung den Gemeinden lebhaft zu Gemüthe führen. (40) Es ist dies übrigens ein Zeugniß dafür, wie spät die Fürbitten für Verstorbene im Meißner Sprengel allgemein wurden. Fragen wir aber, wie stand es mit den Predigten. Bei der Messe, dem Hauptbestandtheil des Gottesdienstes, welche in lateinischer Sprache gesungen wurde, kam die Predigt nur als etwas Nebensächliches in Betracht. Bei dem Beichtverhören verstand es sich von selbst, daß die Priester sich der deutschen Sprache bedienen mußten. Wenn es nun galt, den Zuhörern die Fürbitte für Verstorbene, oder die Feier des Fronleichnamsfestes nach den Constitutionen Martin des V. und Eugens IV. zu empfehlen, oder dieselben die Form der Kindertaufe nach dem Synodal-Beschluß des Bischofs Stephan zu Brandenburg 1435 zu lehren, so konnte dies nur in der Volkssprache geschehen. Auch sollten die Eltern aufgefordert werden, ihre Kinder mit deutschen Büchern zu versorgen, aus denen sie das Vater-Unser, Glaubensbekenntniß und den englischen Gruß in deutscher Sprache lernen möchten. Verschiedene deutsche Beichtspiegel waren gedruckt. Ja es finden sich in der Brandenburger Diözese Spuren von einer gemeinsamen Beichte, welche der Privat-Beichte gefolgt zu sein scheint und nach welcher die Gemeinde auf die Ansprache des Priesters das Glaubens- und Sündenbekenntniß ablegte. [41] Zwar war die Anregung Carls des Großen, das Volk durch Vorlesung deutscher Postillen zu unterrichten, in Vergessenheit gerathen und die deutschen Predigten eines Tauler oder Bertholdt nach der Mark hin schwerlich verbreitet; es gab aber doch noch eine Menge lateinischer Postillen, unter denen die des Bischofs Haymo von Halberstadt Ruf hatte. Ein einigermaßen eifriger und gelehrter Priester konnte also mit Hilfe seiner Postille schon an Fest- und Heiligentagen seine Gemeinde erbauen. Auch gab es Kanzeln in der Kirche, auf welchen auch das allgemeine Gebet für Lebende und Gestorbene gehalten wurde. So machte in Beeskow Caspar Kuchmeister 13. December 1503 eine Stiftung, daß jeglicher Prediger, der zu Beeskow ein „bewtzscher" (ein deutscher, kein wendischer) Prediger ist, alle Freitage eine Messe von dem Leiden Christi mit einer „Passion" auf dem Altare (St. Erasmi) lesen soll für seine Seele und all der Seinigen, die aus seinem lebelichen Geschlecht und in Gott verscheiden, zu sonderlich ihren Heyll und Trost, dazu alle Sonntage „yß Predigestezuell daß gemeine gebette thun szall" d. h.

dazu er alle Sonntage auf dem Predigtstuhl das gemeine Gebet thun soll. (42) Außer den Dominikaner- oder Predigermönchen, welche in wissenschaftlicher Form gegen Ausbreitung der Ketzereien predigten, waren es namentlich die Franziskaner, welche in ihren volksthümlichen Predigten sich der Bedürfnisse des Volks annahmen. Als der Franziskaner Johann von Capistrano, welcher auch gegen das Wilsnacker Wunderblut eiferte, im Meißenschen Lande umherzog, machte er durch seine Sittenpredigten solchen Eindruck, daß die Minoriten von 6 Städten, Dresden, Torgau, Görlitz u. s. w., 1462 an Papst Pius II. mehrere Bittschreiben um Heiligsprechung des Paters richteten. (43) Von deutschen geistlichen Liedern, Katechismen findet sich hier sonst keine Spur. Vom Kurfürst Friedrich II. wird berichtet, daß er 1442 zu Halle ein deutsches Osterlied bei Tisch gesungen habe.

Das erste Missale für Meißen wurde unter Bischof Johann V. 1483 von einem aus Leipzig berufenen Buchdrucker der Kostspieligkeit wegen in wenigen Exemplaren gedruckt. Der zweite Abdruck wurde durch Peter Schöffer in Mainz 1485 besorgt: 30 Exemplare auf Pergament. Unter seinem Nachfolger Johann VI. wurden 1504 die Synodalstatuten der Diözese zur Beachtung der Geistlichen gedruckt, sowie die Missalen wiederholt bis 1510 aufgelegt, um dem dringenden Bedürfniß der Kirchen abzuhelfen, deren über 1000 in der Diözese waren. Natürlich wurden sie nur gegen Geld abgelassen. Alle andern zur Benutzung für das Hochstift bearbeiteten und veröffentlichten Werke (breviarius, viaticus, diurnale horarum canonicarum u. s. w.) wurden von dem Hochstift besorgt. (44) Im Bisthum Lebus wurde noch nach Luthers Auftreten vom Bischof Dietrich ein breviarium ad usum ecclesiae Lubucensis herausgegeben, und der Domherr Wolfgang Redorfer verfaßte das viaticum Lubucense, wonach die Pfarrer des Sprengels den Gottesdienst zu halten hatten. (45) Im Brandenburger Bisthum hatte der gelehrte Bischof Stephan 1421—1459 ein neues Brevier zu gebrauchen angeordnet. Das in der Gotthardskirche zu Brandenburg erhaltene Exemplar führt den Titel breviarium diocesis brandenpurgensis, impressum lipczk per mauritium brandis anno 1488 sq. Auch Bischof Hieronymus Scultetus von Brandenburg gab ein Missale heraus. Man sieht, jedes Bisthum hatte danach seine besondern gottesdienstlichen Ordnungen und man war weit entfernt von Uniformität im Cultus. Wieweit diese Breviere bei Abfassung des Missale Germanicum unter Joachim II. 1568 benutzt sind, fordert eine eingehendere kritische Untersuchung.

Bevor die Klöster durch Reichthum und Ueppigkeit verfleischlicht waren, bildeten sie manchen Geistlichen aus, der als Missionar zu den Wenden ging, oder innerhalb der Diözese ein Pfarramt bekleidete. So sandte z. B. das Domstift zu Brandenburg an die St. Katharinen-Pfarrkirche zu Mittenwalde, dessen Archibiakonat dem Bisthum untergeordnet war, den Markward Krummensee den 7. Juni 1392, welcher früher im Stift gewesen war, als Archidiakon. (46)

Die Bischöfe von Meissen gehörten meist altsächsischen Adelsgeschlechtern an, den von Wolbenberg, Maltitz, Schleinitz, Carlowitz, Haugwitz u. s. w. und man konnte ihnen Wissenschaft und Urbanität nicht absprechen. Während anfangs ins dortige Domstift auch Priester bürgerlichen Standes, die sich durch Frömmigkeit und Gelehrsamkeit auszeichneten, eintraten, wurde dies im XIII. Jahrhundert nur den Adligen verstattet. Wie die wissenschaftliche Ausbildung derselben gewesen, zeigt, daß 1350 ein Decret über Bestellung von Schiedsrichtern von 14 Domherren nur von 5 eigenhändig unterschrieben werden konnte. Auch beim Unterzeichnen des Testaments vom Bischof Johann 1358 den 1. Juli erklären von 13 Domherren 5, darunter der Propst, der Cantor und der Archidiakon von Nisan ausdrücklich, sie seien des Schreibens unkundig. (Quia scribere non potui.) (47) Dagegen konnte Bischof Stephan von Brandenburg auf der Synode 1435 fordern, daß ein Stadtpfarrer die Provinzial- und Synodalstatuten, der Landpfarrer wenigstens die letzteren besitze, und jeder die Beschlüsse nachtrage, die jährlich hinzukommen, um die Sammlung bei der Visitation vorzuzeigen. In diesen Statuten von 1435 wurde den Priestern verboten, nicht einem unerprobten Capellan ohne bischöfliche Empfehlung zu gestatten, die erste Messe zu lesen. Die Feier des Meßopfers sollte nicht aus träger Bequemlichkeit abgekürzt werden, wenn die Zahl der Kommunikanten nicht sehr groß wäre. Der Geistliche sollte bei den Officien nicht würdelos hin- und hergehn. Und wenn er das Sakrament einem Kranken spenden will, so müssen ihm Leuchten vorangehn und nachfolgen, damit die Gläubigen bei der Begegnung ihre Ehrfurcht dem Sakrament erweisen möchten. Ferner sollten auf solchem Gange die Priester nicht Holzschuhe tragen, damit sie nicht unsichere Schritte thun, des schlechten, schlüpfrigen und schmutzigen Weges wegen. (48) Dagegen war wieder den Prämonstratensermönchen zu Havelberg von ihrem Ordensgeneral Gervasius 1220 verboten, semische d. h. aufgeschlitzte lange Schnabelschuhe, Pelze und Wämser zu tragen, wenigstens sollten sie nur in ihren Wohnungen und nicht in andern Klöstern solcher Kleidung sich bedienen. In einem Rundschreiben ums Jahr 1370—75 beschwert sich Bischof Conrad II. von Meissen über die **Unwissenheit, Dummheit und Anmaßung der meisten Land- und Ordensgeistlichen** (plebanorum ruralium nostrae dioeceseos simplicitatem et ignorantiam ac tam illorum quam plurimorum religiosorum praesumptionem temerariam). Er bezieht diesen Tadel zunächst darauf, den Beichtenden auch in den dem Bischof oder Papst reservirten Fällen Absolution zu ertheilen und ordnet eine darauf bezügliche Abkündigung von den Kanzeln an. (49) Doch spricht sich der milde Melanchthon in einem Briefe an Justus Jonas über die märkischen Geistlichen noch anders aus: „**Es widerstreben (dem Evangelio) die Pfaffen, deren das Land eine große Menge hat, und die ich nirgends verderbter und dümmer, ich möchte sagen, barbarischer gefunden habe. Sie sind unwissend, roh, anmaßend, widerwärtig, von unglaublicher Halsstarrigkeit und** aufgeblasen durch die außerordentliche Meinung, die sie von ihrer Weisheit und Gelehrsamkeit haben. Sie sind es, die theils mit offenbarer Gewalt, theils mit List widerstehn und der Verbreitung der Wahrheit Hindernisse zu bereiten suchen."

Das Beispiel eines Priesters zu Osthern in der Altmark steht vereinzelt da. Dieser spielte 1202 seinen Bauern beim Pfingstbier zum Tanz auf, wobei ihm während eines Gewitters vom Blitz ein Arm zerschmettert und außerdem 20 Bauern zu Boden geworfen wurden. (50.) Bei dem kärglichen Gehalt der oft gering dotirten Pfarren suchten die Geistlichen neben der Betreibung der Landwirthschaft mit Hülfe eines Jochs Ochsen, durch Uebernahme von Schreiberdiensten auf Rathhäusern in Städten und durch Bierschank ihre Einkünfte zu vermehren. Ihr Pfarrhaus, von Lehm gebaut, mit Stroh- oder Schindeldach versehn, (erst 1722 wurde auf königlichen Befehl die Wohnung des Superintendenten in Storkow mit Ziegeln gedeckt), war oft zugleich Gasthaus, wo Bier, entweder selbstgebrautes, inländisches oder ausländisches geschenkt und verkauft wurde. Hierbei wurde mancher Unterschleif getrieben, insofern sie das Bier, was sie nur für eigenen Gebrauch frei hatten, ohne es versteuern zu dürfen, verkauften. So sollten die Priester im Lande Sternberg nur für Selbstverbrauch Drossensches oder fremde Biere einlegen. Würden sie davon innerhalb oder außerhalb ihres Hauses schenken oder verkaufen, so sollten sie der darauf festgesetzten Strafe schuldig sein: (51.) ein Beispiel dafür, daß Bischof Dietrich von Lebus hierin 1550 seine Priester den bürgerlichen Gesetzen unterwirft. Uebrigens waren die Geistlichen im Stift Brandenburg hinsichtlich ihrer Hinterlassenschaft von den Markgrafen Johann und Otto von allen Abgaben 1244 befreit. (52.)

Was nun die Anzahl der Geistlichen in der Mark, Kloster- und Weltgeistliche zusammen gerechnet, betrifft, so soll dieselbe zur Zeit der Reformation 10,000 betragen haben, während jetzt noch nicht der fünfte Theil vorhanden ist. Auf dem Convent der Mönche zu Cottbus 1503 erschienen 700, und als Tetzel 1518 zu Frankfurt a. O. eine Versammlung abhielt, waren 300 anwesend. (53) Ueber das sittliche Verhalten vieler Geistlichen seiner Zeit, bald nach dem Basler Concil klagt Bischof Stephan von Brandenburg in seinem Commentar über das Gebet. „Der priesterlichen Heiligung vergessend, scheuen die, die im Cölibat leben, sich nicht, die Taufen ihrer Kinder mit üppiger Festlichkeit zu begehen, statt ihre Sünden zu beweinen. Und hernachmals verloben sie einander ihre Söhne und Töchter, die Unehre erneuernd und fortpflanzend, die vergessen zu machen sie sich bemühen sollten." Es wird über Unterlassung der Seelsorge geklagt. Es gab auch sonst in der Mark, trotz der Gregorianischen Cölibat-Gesetze, verheirathete Priester. So wurde vom Bischof Hennig von Bredow zu Brandenburg † 1413 gegen einen Kloster-Vorsteher und Mönch zu Berlin eingeschritten, welcher das Ordensgewand abgelegt und in den Ehestand getreten war. (54) Der Mißbrauch, mehrere Pfründen in einer Hand zu vereinigen und die pastoralen Funktionen durch kärglich besoldete Vicare verrichten zu lassen, hatte bereits gesetzliche Form erhalten. Pfarrämter wie die der Städte Brandenburg, Nauen, Mittenwalde, die dem Domcapitel einverleibt waren, wurden gegen einen jährlichen Miethszins verpachtet. (55) Es kommt im Meissenschen vor, daß der Bischof geradezu aufgefordert wird, weil der Inhaber einer Pfarrstelle von abliger Herkunft ist und von dem Ertrag derselben nicht standesgemäß leben könne, daß ihm noch eine andere Pfarre dazu verliehen werden möchte. (56) Uebrigens ist anzuerkennen, daß es früher einen weit größeren Reichthum an Pfarren und Kirchen gegeben hat, als jetzt. Die erstern sind theils eingegangen, theils mit andern Mutterkirchen vereinigt, die Kirchen theils zerfallen und zerstört.

Interessant ist die erste zusammenhängende Nachricht von dem Gebiets-Umfange der Herrschaft Beeskow und Storkow und den dazu gehörenden Kirchen und Pfarren, welche die Meissensche Stiftsmatrikel von 1346 aufweist. Beeskow, sowie Storkow war der Sitz eines Propstes. Unter der Propstei standen 23

Pfarren (davon 7 zu Lubrasse (Lieberose) und Friblandt gehörten), so daß in der Herrschaft Beeskow selbst 16 vorhanden waren, während es daselbst gegenwärtig nur 12 Mutterkirchen giebt.

Pfarrorte in der Herrschaft Beeskow 1346.

1. Beskow (jetzt eingepfarrt Kiez, Neuendorf, Radinkendorf, Cummerow und Bahrendorf).
2. Cossinbleth, Cossenblatt mater; Wulfersdorf und Giesendorf fil., Schulort Briescht, Werder.
3. Tüchow, Tauche mater; Stremmen fil., Falkenberg Schulort.
4. Willmestorff, Wilmersdorf, jetzt ohne Kirche in Pfaffendorf eingepfarrt.
5. Pfaffendorf mater, jetzt Neu-Golm, Pieskow fil., Schulort Langenwahl mit Streitberg.
6. Sawen Sauen mater, Görzig fil., Schule in Neubruck.
7. Crugersdorff Krügersdorf, Schule in Schneeberg.
8. Trebatzsch, Trebacz, Trebatsch mater, Mitweide und Leibchel fil.
9. Bockaw, Buckow mater, Bornow fil., Schulort Kohlsdorf (mit Bornow).
10. Bergholz, Birkholz, Tochterkirche zu Gr. Rietz.
11. Landenberg, Lindenberg ebenso.
12. Arnsdorff, Ahrensdorf mater, Görsdorf fil., Schulort Limsdorf mit Möllendorf.
13. Wulfersdorff, Tochterkirche von Cossenblatt.
14. Stremen, Stremmen, Tochterkirche von Tauche.
15. Falkenberg, ohne Kirche, in Tauche eingepfarrt.
16. Riez, Gr. Riez mater, Birkholz fil., Lindenberg fil.

Es bestehen jetzt noch zehn Parochien, also sechs sind eingegangen.

Der Propst zu Storkow führte die Aufsicht über 13 Kirchen. Von diesen bestehen jetzt nur noch 7 Mutterkirchen.

1. Storkow mater, Gr. Schauen mat. conj.; dazu gehören Bugk, Rieplos, Alt-Stahnsdorf, „Großschauen hatte

vor Zeiten einen eignen beständigen Pfarrer, jetziger (1579) Zeit ist Pfarrhaus eingegangen und verfallen, zu Großschauen gehörte Eichholz" (d. h. klein Eichholz) (Rönisch).

2. Selchow mater, Görsdorf fil.; dazu gehören Colberg, Schwerin, kl. Eichholz, Streganz.
3. Golmen Tochterkirche von Pfaffendorf in der Superintendentur Beeskow.
4. Buchholz, Buchholz mater, Krausnick fil. gehört jetzt zur Sup. K.-Wusterhausen mit den Schulörtern Halbe, Köthen, Gr. Wasserburg, Freidorf.
5. Monchehofe gehört jetzt zu K.-Wusterhausen, dazu die Schulen zu Münchehofe mit Gr. Eichholz und Birkholz, ferner Hermsdorf und Neuendorf. — Die Kirche zu (Alt) Schadow zerfiel im 30jährigen Kriege.
6. Bawen (wahrscheinlich Rauen bei Fürstenwalde mit der Pfarre von Markgrafpiesk verbunden).
7. Reichenwalde mater, Dahmsdorf fil.
8. Domsdorf Dahmsdorf, Tochterkirche von Reichenwalde.
9. Schawen, Schauen, Tochterkirche von Storkow.
10. Piesk, Pieskow, Tochterkirche von Pfaffendorf im Beeskow'schen Sprengel.
11. Friedrichstorff Friedersdorf mater, Cablow fil., Schulorte zu Bindow, Blossin, Friedrichshof. (57)

Es bestehen davon sechs Parochien, fünf sind demnach eingegangen.

Ferner sind in der jetzigen Superintendentur K.-Wusterhausen folgende selbstständige Parochien eingegangen: Hoherlehme, wohin Wendisch-Wusterhausen, nebst Zeesen, Senzig und Neue Mühle eingepfarrt waren, Deutsch-Wusterhausen, Schenkendorf, Robcis, Waßmannsdorf, Groß-Kienitz. Die Menge kleinerer Gemeinden mit ihrer verhältnißmäßig weit geringeren Einwohnerzahl als jetzt mußte die specielle Seelsorge nothwendig erleichtern. Dazu fehlte es bei der Rohheit und Wildheit der Zeit gewiß nicht an besonderen

Veranlassungen, welche das Volk ins Gebet trieben wider seine Dränger. Der Priester hatte in der Litanei zu intoniren: „**Für die Köckeritze, Lüderitze, Krachte und Itzenplitze**" — und die Gläubigen responirten: „**Behüt uns, lieber HErre Gott!**" Es gab manchen Namen eines Ritters in der Mark und im Meissen'schen, der durch seine Fehden und Raubzüge eine traurige Berühmtheit erlangt hat. Das Concil zu Basel sprach einmal 17. März 1435 über eine größere Anzahl frevelhafter Beschädiger der Meissen'schen Geistlichkeit und deren Güter — es sind 43 genannt — den Bann aus und bedrohte Gemeinden und einzelne Personen, welche dieselben aufnehmen und beschützen würden, mit strengen Strafen. Unter diesen Beschädigern stehen oben an Tize Pannewicz, **Günther Lange, Hans Stargard** 2c. (58)

Ferner überfielen die Quitzows 1413 Fürstenwalde, schlugen die Bürger und die Beeskower, welche ihnen zu Hülfe geeilt waren, vergossen viel Blut und zogen mit guter Beute wieder ab. (59) Die fortgesetzten Einfälle der **Hussiten**, die wiederholt die Lausitz, das Meißner Land mit Feuer und Schwert heimsuchten, führten eine allgemeine Verarmung und Verwilderung der Sitten herbei, deren Folgen noch Jahrzehnte hindurch fühlbar waren.

Die Hussiten waren deshalb besonders gegen die Mark feindlich gesinnt, weil der Bischof Johann von Lebus auf dem Concil zu Kostnitz 1415 im Auftrage des Papstes Johann XXIII. die Anklage gegen Huß wegen seiner Ketzerei aufgesetzt, ihn also mit zum Feuertode verdammt hatte. Der nachmalige Bischof Johann VI. von Lebus war am 1. Juli 1415 zum letzten Male vom Concil zu Huß ins Gefängniß gesandt, ihn von seiner Ketzerei abzumahnen. Da nun auch der Kurfürst von Brandenburg den Oberbefehl über die Reichsarmee führte, so drangen die wüthenden Anhänger von Huß, die Taboriten, in die Lausitz und Mark 1431, ein. Sie kamen bis **Angermünde**, überall Brand, Raub und Mord verbreitend. Im Jahre 1432 wiederholten sie ihren Einfall in die Mark. **Frankfurt a. O.** widerstand zweien Angriffen; doch ward die Gubener Vorstadt mit dem Karthäuserkloster niedergebrannt. Im benachbarten Kloster Neuzelle plünderten sie und hieben den Mönchen Hände und Füße ab. (60) Die Stadt Lebus mit dem Schloß des Bischofs, Müncheberg, Straußberg, Alt-Landsberg sind in dieser unglücklichen Zeit verbrannt worden. In Fürstenwalde ward die Stadt zwar gegen eine Brandschatzung von 300 Gulden frei gegeben, jedoch der schöne, neue Dom zerstört, die heiligen Gefäße und der Kirchenschmuck geraubt. Auch Cottbus, Königsberg waren ausgeplündert, vieler Flecken und Dörfer nicht zu gedenken. Erst vor den Mauern von Bernau ward die Macht der Hussiten unter Koska durch den Kurprinz und späteren Kurfürsten Friedrich II. den Eisernen gebrochen am 22. April 1432. Ein Schäfer oder Bettler hatte den hart geängstigten Bürgern die Anzeige gemacht, daß sich die Feinde dem Trunk ergeben und deßhalb untüchtig zum Kampfe wären. Durch einen Ausfall aus der Stadt und durch den Angriff des Kurprinzen von beiden Seiten zugleich bedrängt, wurde das Heer der Hussiten aufgerieben. Sie fielen nicht wieder in die Mark ein. Das Bildniß des Schäfers ist in der ehrwürdigen Bernauer Pfarrkirche zu sehen, und das Andenken an diese Schlacht wurde jährlich in der St. Georgs-Capelle gefeiert. Bischof Stephan von Brandenburg verlieh dazu einen Ablaß von 40 Tagen. Auch jetzt zieht noch am Montag vor Himmelfahrt ein feierlicher Zug mit Gesang und Musikbegleitung nach der kleinen St. Georgs-Hospitalkirche, dort Gott für die Rettung der Stadt zu danken. (61) Angermünde hatte übrigens früher den Beinamen Ketzer-Angermünde, wie auch einige Dörfer wie Welletz, Dobberzin in der Nähe und andere im Oberbruch Ketzerdörfer hießen. (62) Daraus ist zu vermuthen, daß Huß's Lehre nicht ganz ohne Einfluß auf die Mark geblieben ist. Gewiß war dies eine Vorbereitung auf die deutsche Reformation, welche 100 Jahr später kommen sollte. Das Heil sollte nicht von den Waldensern (welche auch nach der Mark gekommen waren und von Dietrich von Schulenburg Bischof zu Brandenburg 1391 verfolgt wurden (63)) oder den Albigensern kommen, gegen welche im südlichen Frankreich mit Feuer und Schwert gewüthet wurde, und gegen die der h. Dominikus einen fleißigen Gebrauch des Rosenkranzes erfand, nicht von den Wikleſiten in England, nicht von den Czechen in Böhmen. Zur Niederdrückung der huſſitiſchen Bewegung ſetzte die römiſche Kirche alle ihre Mittel in Bewegung. Papſt Pius II. unterſagte in einem Schreiben vom 25. April 1462 die Ordination ſchismatiſcher Geiſtlichen, welche in verſchiedenen Gegenden Deutſchlands nach dem Vorgang der verurtheilten Huſſiten unter beiderlei Geſtalt das h. Abendmahl reichen und ihren Prädikanten Glauben ſchenkten; (ad instar damnatorum Boemorum sub duplice specie communicant et praedicatoribus crediderunt) er geſtattet dagegen Prieſter und Laien, ſelbſt Könige und Fürſten vom Banne und Interdikte nach den beſtehenden Vorſchriften loszuſprechen, wenn ſie der Irrlehre entſagten. (64) Man ſieht hieraus, wie mächtig die huſſitiſche Bewegung war, indem ſie ſich bis ins Ende des 15. Jahrhunderts und noch länger hinzog.

Der päpſtliche Legat Rudolph erließ zum Kampf gegen die huſſitiſchen Ketzer ſogar liturgiſche Formulare mit ausgedehntem Ablaß. Darin wird auch nach Erhebung des Sakraments heimlich zu beten angeordnet: „Mildeſter Vater, ſchütze mit den Waffen deiner Macht deine Diener, welche gegen den häretiſchen die Waffen für deinen orthodoxen Glauben ergriffen haben." (Clementissime pater armis tuae potentiae protegere digneris famulos tuos, qui contra haereticam arma orthodoxae fidei susceperunt. (65) 1467 den 6. Juni.

Ferner ſollte nach dem Schreiben eines höheren Prälaten, wahrſcheinlich des röm. Legaten Laurentius, an den Biſchof Dietrich von Meiſſen 12. November 1469 gegen die Ketzer nach der Inſtruction des Dominikaners Johann verfahren werden. Niemandem, der mit Ketzern Handel getrieben, ſollte Abſolution ertheilt werden, bevor er nicht den erworbenen Gewinn vollſtändig in die zur Einſammlung von Geldern gegen die Ketzer beſtimmte Kiſte gelegt hätte. Denen, die aus Nothwendigkeit dazu getrieben wären, sollte eine angemessene Buße auferlegt werden, wobei aber genaue Erörterung um so mehr angestellt werden müsse, weil in den letzten 10 Jahren reichliche Erndten stattgefunden hätten. (66)

Natürlich fehlte es auch sonst nicht an Sammlungen von Ketzergeldern zum Kriege gegen die Hussiten und Türken. 1417 mußte der Kopf einen Groschen geben. Wenn danach in Beeskow 24 Schock und 36 Groschen eingekommen waren, so muß sich die Anzahl der Einwohner nur auf 1476 belaufen haben. (67) Die dringenden Geldforderungen des langjährigen Basler Concils 1431—1443, welchem die gesammte Welt und Klostergeistlichkeit der Meißner Diözese von ihrem Einkommen, selbst von ihrem Privatvermögen und Almosengeldern 5 Procent im Jahre 1434 als Unterstützung zahlen mußte, die erzwungene Reise des Bischofs Johann von Meissen zum Concil nach Basel lastete schwer auf dem Bisthum. Und trotz all der Geldopfer kam die vielbesprochene Reformation an Haupt und Gliedern nicht zu Stande.

Die verschiedenen Ablässe konnten aber auch nicht mehr das gesunkene Ansehn der Kirche stützen. So wurde den Bürgern von Beeskow durch den Papst Innocenz VIII. im Jahr 1490 Dispens ertheilt, ohne Beschwerde des Gewissens in der Fastenzeit auf 20 Jahre Butter- und Milchspeise zu essen. Solche sogenannten Butterbriefe wurden in jener Zeit vielfach ertheilt. Auch die Domkirche zu Freiberg hatte von demselben Papst auf 20 Jahre gleiche Freiheit erlangt. Für einen Silbergroschen konnte man einen solchen Butter- oder Käsebrief erhalten. Es entstand jedoch noch ein Streit unter den Gelehrten hierüber, und der Professor des Kirchenrechts Dr. Breitenbach in Leipzig hatte ein Gutachten darüber auszustellen, daß man sich dieses Briefes mit gutem Gewissen bedienen könnte, wenn es auch in Sachsen wohlfeiles Oel anstatt der Butter genug gebe, wiewohl dort keine Oelbäume wüchsen. (68) Es ist interessant in den Briefen aus allen Jahrhunderten, vom Bischof Sailer, vom berühmten Erasmus aus Rotterdam, seine Rechtfertigung zu lesen, als ihm wegen Genuß von Milch und Butter in der Fastenzeit Hinneigung zu den Reformatoren vorgeworfen wurde, er besitze auch einen solchen Butterbrief.

Werfen wir endlich noch einen Blick auf die **Beschaffenheit der Klöster.** Je reicher und mächtiger die Klöster wurden, um so mehr nahm bei ihnen Nüchternheit und Einfalt der Sitten ab. Die Zeit, wo die Laien meinten, hinter den Stifts- und Klostermauern lebten eitel Heilige in gottgeweihter Askese, war vergangen. Es unterliegt keinem Zweifel, daß die innere Auflösung der ältern Orden wie der Prämonstratenser und Cistercienser sich im XV. Jahrhundert vollendete, während die Dominikaner sich noch als Prediger hielten und die Thätigkeit der Franziskaner oder Bettelmönche sich ausdehnte und an Einfluß beim Volke gewann. Man liest viel von Streitigkeiten zwischen den Aebten und Conventen der Klöster mit den Bischöfen wegen der Visitation derselben. So hatten die Bischöfe von Meissen jährlich zur Fastenzeit die Klöster Altzelle, Dobrilugk und Buch visitirt und waren mit ihren Begleitern, Rossen und Reisigen 15 Tage lang verpflegt worden. 1401 hatten die 3 Klöster diese Verpflichtung mit 1120 ungarischen Gulden abgelöst unter der Bedingung, durch die Wiedererstattung der Summe dem Bischofe die Wiedererwerbung seiner Rechte und Verpflegung einzuräumen. Als nun Johann V. zum Wohl der Kirche und aus pastoraler Fürsorge für die Klöster die Summe wieder zurückzahlte, verweigerten diese die Annahme und Verpflegung des Bischofs. Der leidige Streit „der wirdigen Herrn Symeon, Anthonius und Martinus epte der breier closter" mit Bischof Johann V. ward endlich erst von weltlicher Seite von dem Kurfürst Ernst und Herzog Albrecht zu Sachsen als Schiedsrichter auf einem Termin zu Leipzig 12. März 1484 dahin entschieden, daß die Aebte für die jährliche Procuration dem Bischof 15 Goldgulden zu zahlen hätten. [69]

Von weltlicher Seite ging auch die Visitation der Nonnenklöster aus, wenigstens im Meißner Sprengel, während im Brandenburger schon Bischof Stephan eine heilsame Aenderung herbeizuführen versucht hatte. Im Jahr 1463 den 17. December, also in der Adventszeit fordern die beiden Herzöge Ernst und Albrecht von Sachsen den Bischof Dietrich auf, die schon von seinem Vater angeregte und erbetene Visitation und Reformation der Klöster, namentlich des Nonnenklosters zu Chemnitz vorzunehmen: „wern die klostir arm, so werdin si reich, das yn auch manche christliche person desto libir hülffe unde rat thuen, ihre kindt desto lieber hynnen gebin, das auch der barmherzig got uns unsren landin und luten durch der innigen geistlichenn unde rigulirten personen gebete unde anruffunge deste gnediger seyn wirdt." (70) Der Bischof fügt sich dieser Aufforderung und erläßt zur Aufrechterhaltung der Ordnung im Jahr 1464 eingehende Bestimmungen. Es sollten die Klosterbewohner Silentium halten, keine weltlichen Kleider tragen, nicht mehr ausfahren, im weltlichen Wesen mit weltlichen Kleidern bei der Pön des Bannes. „Item das sy abelegin sollin allen wertlichen smock an korallyn, paternostern, vurspan, slayern, fingerlin und allen andern wertlichen smog, der wider dy regel ist." Der Äbtissin, welche auch nicht ohne Erlaubniß des Bischofs ausfahren sollte, wurde aufgetragen, bei Gesprächen der Nonnen durchs Sprachgitter eine Wache zu stellen. Auch des Nachts sollte sie clausura in dormitorio halten. Auch soll sie die Jungfrauenzellen alle Abende visitiren. Sie sollten auch keine Hunde, weder große noch kleine, in ihren Versammlungen haben, sondern sich fleißigen mit dem Psalter zu thun zu haben und sich damit bekümmern. Sie sollten nicht kaufen, verkaufen, Geld ausleihen, ohne Erlaubniß der Aebtissin, kein eigen Gut inne haben bei der genannten Pön. Ohne Urlaub der Aebtissin und des Propstes sollte keine aus dem Kloster gehn. Sie sollten einen verständigen Beichtvater haben. Die Pforten und Thore sollten nur den Gästen und Freunden des Klosters mit Erlaubniß der Aebtissin und des Propstes geöffnet werden. „Item die eptischin sal nicht lassin yn das closter gehin wertlich foulck es sey weyp addir man, (weltlich Volk, es sei Weib oder Mann) sy habin denn redeliche sache und mit laube unde wyßin eynes probist." Es soll auch der Jungfrauen keine einen Brief, Zettel oder Boten ausschicken, noch auch keinen Brief, Zettel oder Boten annehmen ohne Erlaubniß der Aebtissin, die sich darin also halten soll, daß sie am jüngsten Gericht des gute Rechenschaft gethuen und bestehen möge. (71) So sah es also in manchen Klöstern aus, daß solches Schreiben vom Bischof erlassen werden mußte. Doch der Kurfürst Ernst und der Herzog Albrecht gaben sich damit noch nicht zufrieden. Sie suchten in ihrer Weise eine Reformation der Klostergeistlichkeit anzustreben, indem sie sich direkt an den Papst wandten. Papst Innocenz VIII. ermächtigte mit Einschaltung der Constitutionen seines Vorgängers P. Paul II. vom 3. Mai 1465 in seinem Schreiben vom 12. März 1484 die Bischöfe von Meissen und Strasburg, da in den Landesgebieten der genannten Fürsten die Klöster beiderlei Geschlechts und andere geistlichen Institute durch schlechte Wirthschaft und üblen Lebenswandel ihrer Vorstände und Mitglieder in ihrem kirchlichen Ansehen und Einfluß, sowie durch kostspielige, bei der Curie geführte Prozesse in ihren Renten und Einkünften so herabgesunken seien, daß sie dringend einer Reformation beburften, — mit Zuziehung zweier höherer und geachteter Ordensgeistlichen — die exempten und nicht exempten Klöster der genannten Lande, mit einziger Ausnahme der den Ritter- und Bettelorden angehörenden Institute zu visitiren und dieselben da nöthig an Haupt und Gliedern zu reformiren, Personen anstößigen Lebenswandels zu entfernen und durch gesittete, den klösterlichen Regeln sich willig unterwerfende zu ersetzen, Mannsklöster, bei deren Einkünften nur drei oder vier Personen ihren Unterhalt finden, mit andern für Zeit oder auf immer zu vereinigen, Besitzungen und Grundstücke, die wegen größerer Entfernung oder Unfruchtbarkeit geringen Nutzen bringen, zu verkaufen und günstiger gelegene dafür zu erwerben, oder in zeitlichen oder bleibenden Erbpacht auszuthun. (72)

So ordnete Innocenz VIII. ein Jahr nach Dr. Luthers Geburt wohlmeinend an. Aber eine Reformation an Haupt und Gliedern war auch dies nicht. Als das Licht des Evangeliums zu Wittenberg aufging, da verließen Schaaren von Mönchen und Nonnen die Klöster, so die Dominikaner zu Brandenburg 1531, daß das Kloster leer stehen blieb. Luther aber hielt in dem seinigen bis zuletzt aus und erhielt das Gebäude von seinem Kurfürsten zum Geschenk.

Münchehofe unter dem Bisthum Lebus von 1518 bis 1555.

Es läßt sich nach den bisher bekannten Urkunden nicht entscheiden, ob die Güter des Dominiums Münchehofe Besitz der Mönche waren, welche vielleicht nach dem oben angeführten Schreiben vom Papst Innocenz VIII. als zu einem entfernten Mutterkloster gehörig an die Herren von Biberstein verkauft oder vertauscht waren, oder ob dieselben ihnen schon vorher gehört hatten. Genug, Hans von Biberstein verkaufte an Nickel Lange's Sohn Hasse (Hasso?) Münchehofe und das halbe Dorf Hermsdorf für 550 rhein. Goldgulden. Lehensbrief ausgestellt zu Sorau 1486, Freitag nach Viti. [73] Es ist dies die älteste Urkunde, welche über Münchehofe bekannt geworden. Wenn nach einem Document von 1511 Nicolaus Lange zu Münchehofe 14 rh. Goldgulden zu 32 Groschen gerechnet, von den Münchehofischen Unterthanen jährlichen Zins, den Vicarien der Kirche zu Fürstenwalde, statt vermuthlicher Interessen der 200 rh. Gulden überließ, so schuldeten sie diese Summe entweder als baar entliehen oder für erworbenen Landbesitz. [74] Die Frage ist urkundlich noch nicht gelöst. Aber beim Ankauf der Herrschaft Königs-Wusterhausen bezahlte König Friedrich Wilhelm I. 389 Thlr. 14 Gr. an den Vicarienkasten zu Fürstenwalde für jährliche Zinsen von Münchehofe, Neuendorf und Wasserburg als Schuldsumme zur Ablösung, worüber der Bürgermeister und Rath der Stadt am 14. September 1737 quittiren. [75] Weil nun die zu Münchehofe gehörenden Ortschaften Hermsdorf, Groß-Eichholz, Neuendorf, allmählich an die von

Langen verkauft waren, so erklärt sich, weßhalb sie im Erbregister von 1511 und 1518 bei Riedel I. XX. 480 nicht dem Besitzer der Herrschaft als zinspflichtig vorkommen. Im Jahre 1518 verkaufte Ulrich von Biberstein die Herrschaft Beeskow-Storkow an den Bischof von Lebus, Dietrich von Bülow, mit Genehmigung des Königs von Ungarn für 45,000 Gulden „an guten ungarischen, rinischen Golde und Bohemischer Münzen" (Kaufcontract zu Friedland, den 18. Juni 1518). War das Streben der hohen Kirchenprälaten darauf gerichtet, ihre Herrschaft zu vergrößern und darin mit den Fürsten zu rivalisiren, wie ja der Cardinal Albrecht die Erzbisthümer von Mainz und Magdeburg und das Bisthum Halberstadt unter sein Regiment zu bringen wußte, trotz der alten kanonischen Regel, danach der Bischof nur ein Bisthum zu verwalten hatte, so machte es ihm der Bischof Dietrich nach, indem er zu den Bisthümern von Lebus und Ratzeburg noch die Herrschaft Beeskow durch Kauf erwarb. Sein Nachfolger Georg von Blumenthal von 1534 bis 1550 besaß gleichfalls beide Herrschaften nebst der zuletzt genannten. Er unterschrieb den Reichstagsabschied von Augsburg 1530 als Fürstbischof von Ratzeburg. [76] Beide stellten auch Lehnbriefe für Münchehofe aus, nämlich Dietrich dem Nickel Lange (sen.) auf Münchehofe, Hermsdorf, Eichholz, Neuendorf, Schwerin zu Fürstenwalde, Donnerstag nach Thomas 1519, und nach dessen Tode dem Georg Lange 1523. Nach dem Ableben des Bischofs Dietrich bestätigt Bischof Georg den Lehnbrief 1529. [77]

Was das Schutzverhältniß der Herrschaft betrifft, so begab sich Friedrich von Biberstein mit den Schlössern Beeskow und Storkow in den Schutz der Markgrafen von Brandenburg, 21. October 1443. [78] Bald darauf kam sie unter sächsisches Regiment, denn Hans von Biberstein verschrieb die Herrschaft Beeskow nebst Sorau den Herzögen Ernst und Albrecht von Sachsen für 62,000 Gulden, 13. November 1477. [79] In dem Bericht über die Erbauung der alten Hospitalkirche zu Beeskow vom 21. August 1496 heißt es: „Die Zeit haben die Fürsten von Sachsen die Stadt Beskowe auf ein Geld inne

gehabt und einen Amtmann gesetzt, den wir mehr haben müssen
fürchten und feiern, denn Ehrn Hans von Biberstein seliger
Gedächtniß, der unser frommer und gnediger Erbherre gewest." (80)
Der Bericht auf dem Zettel schließt mit den Worten an den
Priester: „Bitt Gott den Allmechtigen vor unser armen zelen
(Seele), das wollen wir in gener werld (Welt) an underlaß
wider thun."

In der Herrschaft Storkow werden in dem Erbregister
von Storkow 19 Schulzen und Lehnleute, 98 Hüfner, 53 Kos-
säthen gezählt und die jährliche Nutzung der Herrschaft mit 820
Gulden 7 Gr. und 9½ Pfennig berechnet.

Von den Lehndiensten an Ritterpferden wurde geleistet:
2½ Pferde von den Dörfern Münchhoffen, Hermstorf,
Eichholtz, Schwerin, Newendorf und Berckholtz, 1½
Pferd von Krussnick (Krausnick) Kortten (Köthen) halb Lübisch
(Leibsch), 1½ Pf. vom Stedlein Buchholtz u. s. w." Etzliche
ehrbare Leute dienen nicht mit reisigen Pferden, sondern mit
ihren Leibern auf die Häuser, wann man sie erfordert. Also
dient unser ehrbare Mann (George Lange S. 14) von seinem
Rittersitz Brötz'schen". (81) — Die Lehnsoberhoheit blieb der
Krone von Böhmen. Friedrich der Große ließ noch die Ver-
zichtleistung auf dieselbe von Maria Theresia als Königin von
Ungarn und Böhmen in den Breslauer Friedensvertrag vom
11. Juni 1742 aufnehmen. (82)

Bischof Dietrich von Lebus, unbekümmert um den Hahnruf
der Reformation, ließ sich in Beeskow von 1519—1524 ein
neues Schloß bauen, darin hielt er sich für sicher. Auch glaubte
er nicht an die Möglichkeit einer Reformation in seiner Herrschaft.
Der Propst mußte täglich auf dem Schloß Messe lesen, wofür
er die Einkünfte an Zins und Getreide aus dem Dorfe Ranzig
bezog. Verschlief er aber einmal die Messe, oder hielt sie nicht
zu rechter Zeit, so ließ die Herrschaft dann an dem Tage zu
Ranzig einen Ochsen für die Schloßküche schlachten, welchen der
Propst den Bauern bezahlen mußte. Inzwischen war der Ablaß-
krämer Tetzel im benachbarten Frankfurt a. d. O. mit großem

Pomp empfangen worden. Er verkaufte auch in Beeskow seine Ablaßbriefe. Mag dabei auch von Erlaß der Kirchenstrafen die Rede gewesen, und derselbe nur denen gültig sein, welche bußfertig wären und gebeichtet hätten, wie einige Beichtzettel im Kgl. Staats-Archiv sich finden sollen, so zeigte doch die Erfahrung, daß die Käufer sich mehr auf ihren Zettel ohne Buße, als auf die Verheißungen des HErrn verließen. Dr. Luther that daher nicht Unrecht in der ersten Thesis der 95 Sätze zu schreiben: „Da unser HErr und Meister, Jesus Christus, sprach: „Thut Buße" 2c., wollte Er, daß das ganze Leben seiner Gläubigen auf Erden eine (stete) Buße sei." Uebrigens konnte man in der Meissener Diözese unter leichteren Bedingungen Ablaß gewinnen. Johann VI. von 1487—1518, der auch das Fest der heiligen Lanze einführte, verstattete sogar nach den Synodal-Statuten jedem gläubigen Kirchenbesucher, auch ohne daß er gebeichtet und Absolution empfangen hatte, in seiner ganzen Diözese 40 Tage Ablaß. [83] Es setzt das schon großen Mangel an Theilnehmern an der Messe voraus.

Während früher die Kurfürsten von Brandenburg die Macht des Adels und der Städte gebrochen und mildere Sitten zu verbreiten gesucht hatten, stand ihnen noch ein hartnäckiger Kampf mit den märkischen Bischöfen bevor. Wenn es ihnen nun auch beim Bisthum Brandenburg leichter, bei Havelberg schon schwerer gelang, so widerstand doch Lebus, welches auch wissenschaftlich die katholische Sache verfocht, bis zuletzt.

In diesem Kampfe gegen die Hierarchie standen ihnen aber Adel und Städte bei, während das Landvolk sich fügte. Wie die Reformation im Süden Deutschlands an Hutten und Sickingen Vorfechter hatte, so die Mark an Nickel von Minckwitz. Freilich ist es bei ihm zunächst ein persönlicher Zweck, der ihn zu seinem Zuge gegen den Bischof von Lebus trieb, nicht war seine Absicht, mit Waffengewalt das Evangelium auszubreiten. Es war die letzte Fehde, die von einem Ritter in der Mark ausgeführt wurde, und Joachim I. vermochte nicht ihn deshalb zu züchtigen. Der kühne Ueberfall der Residenz des Bischofs zu Fürstenwalde am 8. Juli 1528 wird folgendermaßen erzählt: Heinrich Queiß zu Blossin im Storkow'schen, ein fast achtzigjähriger Greis, war mit seinem Schäfer in Uneinigkeit gerathen und dieser vergriff sich thätlich an der Familie seines Gutsherrn. Nachdem er hierauf nach Friedersdorf geflüchtet war, machte er mit den Bewohnern von Dolgenbrodt einen Einfall in Blossin und trieb seines Herrn Schafe fort. Queiß verklagte den Aufrührer bei seinem Lehnsherrn, dem Bischof Georg, welcher ihm nicht zu seinem Recht verhelfen wollte. Erbittert hierüber wandte sich Queiß (84) an den Ritter Nickel von Minckwitz auf Sonnenwalde in der Niederlausitz, einen böhmischen Vasallen. Derselbe wird früher nicht gerade als ein Gegner der Kirche genannt. Er erklärt wenigstens 1509 bei der Erbvertheilung des Nachlasses seines Verwandten, des verstorbenen Bischofs Melchior von Brixen, sich damit einverstanden, daß ein Theil der Hinterlassenschaft in den Besitz des Capitels und der Domkirche zu Meissen der Seele des Verstorbenen zum Troste und allen von Meckau zum seligen Gedächtniß und zu Gottes und der Kirche Ehre übergehn solle. (85) In diesem Falle aber entschloß er sich zu einem Zuge gegen einen ausländischen Oberhirten, der einen schuldigen Schäfer nicht ernstlich hatte bestrafen wollen und sich so an der Ehre des Adels vergriffen hatte. Er verband sich mit Otto von Schlieben auf Schloß Baruth und mit 60 Pferden brachen sie nach Fürstenwalde auf. Unterwegs aber vergrößerte sich der Zug bis auf 400 Reisige. Kracht von Lindenberg, Lehwaldt, Löschebrand stießen zu ihnen.

Als sie nun in der Nacht vor den Mauern von Fürstenwalde ankamen, sandte Minckwitz seinen Diener Hermann Schnipperling voran, der einige Fuhrleute aus Preußen, welche von Leipzig her des Weges fuhren, bestach, daß sie im Thor der Wache sagten, sie gehören ihm. Nach dem märkischen Schriftsteller Angelus bat er den Thorwächter, ihm einen Riemen am Sattel zurecht zu bringen, stieß ihn, als er damit beschäftigt war, in den Stadtgraben und schoß eine Büchse los. Auf dieses Zeichen drangen die Reiter in die Stadt, wo ein Auflauf der

Bürger entstand, die sich anfangs tapfer mit ihnen herumschlugen. Als aber Minkwitz ausrufen ließ, es sei nur auf den Bischof abgesehen, kein Bürger habe etwas zu befürchten, gingen sie nach Hause. Der Bischof aber hatte sich beim ersten Lärm verkleidet davon gemacht. Aus Aerger darüber gab Minkwitz Schloß, Domkirche, Rathhaus und die Wohnungen der Domherren und Bürger, weil sie ihn an dem Ergreifen des Bischofs verhindert hätten, seinen Genossen zur Plünderung frei. Dabei wurden selbst die kirchlichen Gefäße und geistlichen Ornate nicht verschont. Besonders war es auf Vernichtung von Schuldbriefen von lausitz'schen Edelleuten abgesehen. Den Schatz der Domkirche aber fand Minkwitz nicht, obgleich er hinter der Thür des Gemachs, in welchem er in einem Kasten verwahrt worden, gestanden und dabei hin und her gegangen war. Man sieht, wie auch er mit den Seinen Luthers Predigten wider die Mißbräuche der Kirche mochte mißverstanden haben, indem er nach den Schätzen derselben die Hand ausstreckte.

Von den Bürgerhäusern wurden nur zwei verschont, eins, von dessen Dach siedendes Bier, welches so eben gebraut war, auf das Haupt der Plünderer niedergegossen wurde, das andere, weil ein weißes Laken herausgehängt war, zum Zeichen, daß dort sich eine Leiche befände. Ein Bürger, der sich widersetzen wollte, ward erschlagen, ebenso ein Reiter, der sich beim Plündern verspätet hatte! Der Bischof floh nach Grimnitz zum Kurfürsten, der sich seiner annahm und zur Beobachtung des die Beute mit sich führenden Zuges einen Diener mit 8 Reisigen nachschickte. Dieser jedoch, Martin Böhme mit Namen, fiel mit den Seinen, von Minkwitz Rotte überrascht, durch einen Dolchstich von Schliebens Hand bei Dobrilugk.

Kurfürst Joachim I. ließ nun ein Aufgebot durch die ganze Mark ergehen. Er brachte mit einem Kostenaufwand von 50,000 Gulden 6000 Reiter und 40,000 Mann Fußvolk zusammen, um damit Sonnenwalde, welches fest verwahrt und vertheidigt wurde, einzunehmen. Minkwitz dagegen sammelte Truppen im Auslande, die Mark damit zu überfallen. Man könnte meinen, daß Dr. Luther mit besonderem Wohlgefallen die That des Ritters angesehen hätte, da Joachim I. zu seinen heftigen Gegnern gehörte; allein er verurtheilte sie entschieden. Am 14. Juli 1528 schreibt er darüber an einen Freund: „Mir mißfällt sehr die That des Minkwitz, wenn er auch nur ohne Mord und Brand, wie man sagt, geplündert hat; der Bischof soll Allen in der ganzen Mark verhaßt sein mit Ausnahme des alten Markgrafen." Ebenso schrieb er an Nicolaus Amsdorf 20. Juli 1528: „Das Verbrechen des Minkwitz mißfällt uns Allen mit Recht, nicht nur deßhalb, weil es gegen die Gerechtigkeit des Staats ausgeführt ist, sondern weil es auf das Evangelium neue, schwere Feindschaft häuft; so müssen wir das Aergerniß Anderer, woran wir unschuldig sind, auf uns nehmen." Luther wußte Revolution und Reformation wohl von einander zu unterscheiden. Der Kurfürst muß seinen Schaden selbst eingesehen haben; er besann sich eines Andern, ließ die Truppen auseinander gehn, wofür Luther Gott dankte, und verklagte den Minkwitz als Landfriedensbrecher beim Reichskammergericht, welches ihn in die Reichsacht erklärte. Durch die Noth gezwungen, that er auf dem Schloß zu Cöln an der Spree 1534 den 22. Octbr. in einer feierlichen Versammlung vor dem Kurfürsten einen Fußfall und bat kniend um Gnade. Dann bat er dem Bischof und den Ständen sein Unrecht ab, und seine Freunde verbürgten sich für ihn, daß er sich nicht weiter rächen, auch die Stadt Fürstenwalde für immer meiden wolle. [66]

Die Bemühungen des streng katholischen Bischofs Dietrich von Lebus, (der sich übrigens durch wissenschaftliche Bildung auszeichnete, auch Erzieher der Söhne Joachim I. und von diesem hochgeachtet war), die Lutherische Lehre zu unterdrücken, blieben ohne Erfolg, ebenso die Anstrengungen seines Nachfolgers Georg von Blumenthal und die Schriften seines wissenschaftlich eifrigen Domherrn Redorfer, welcher mehrere Bücher z. B. „Erznei Püchlein von den Früchten des Newen Evangelischen Lebens Lere und Namens czu Wittenberg und von der heiligen Gemeine Christl. Kirche c. die Lutherische Ketzerei Frankfurt

a. D. 1524" ausgehen ließ. Er gehörte mit zu dem Kreise der märkischen Theologen Wimpina, Mensing, Licent. Rupert Elgersma, welche den Kurfürsten nach Augsburg begleitet hatten. Allein die Verbote, das Neue Testament und die Schriften Luthers zu lesen und seine Lieder zu singen, rief im Gegensatz dazu nur den Eifer hervor, dieselben zu übertreten, und das Licht des Evangeliums verbreitete sich um so mehr in der Mark. Freilich war bei Vielen nicht immer Erkenntniß der wahren Freiheit eines Christen vorhanden, sondern wie die Bauern in Thüringen die neue Lehre zur Empörung gegen ihre Gutsherren verstanden, so verachtete man hier den katholischen Gottesdienst, weil man die katholischen Pfaffen für faule Bäuche ansah, die sich von dem Mark des Landes mästeten. Evangelische Prediger hörte man gern, weil sie lehrten, daß Opfer, Ablaß, Almosen und andere Dinge, welche Geld und Gaben kosteten, kein rechter Gottesdienst seien. Das griff man auf, opferte fast gar nichts mehr und gab weder Almosen noch sonst milde Gaben. Waren aber die Bauern auf dem Lande bei Viehsterben, Mißwachs, Hagelschlag von ihren katholischen Geistlichen, welche bei dem alten kirchlichen Lehrsystem beharren wollten und sich die freie Gnade in Christo nicht aneignen konnten, belehrt, daß dieses Mißgeschick gerechte Strafen wegen Verbreitung der lutherischen Ketzerei wären, so fehlte es doch auch nicht an edlen Gemüthern, welche sich von dem engen Formalismus der hergebrachten römischen Orthodoxie frei machten. Sie erkannten, es reiche nicht aus, einen neuen Lappen auf das zerrissene Kleid zu setzen, sondern es gehören zum neuen Wein neue Schläuche. Zu diesen gehören die „Edlen und Vesten Junkern aus dem Teltow", welche im Hause des Landsaßen von Schwanebeck am 18. April 1589 wegen der reinen göttlichen Lehre berathschlagten, daß sie ihre alten Pfarrer, welche sich sperren wollten, zwar nicht verstoßen, sondern ihnen Unterhalt reichen, indessen sich nach Predigern der reinen Lehre umthun wollten. (87) Vor Allen aber bekannte sich zum Evangelium Matthias von Jagow, Doctor der Rechte, früher Propst in Spandau, seit

1526 Bischof von Brandenburg. Ihm überließ Joachim II. auf Eustach von Schliebens Rath die Durchführung der Reformation in der Mark. Seinen Schwur, den er bei Uebernahme des Bisthums leistete: seine Diöcese von den Secten zu reinigen und ihnen nach Möglichkeit Widerstand zu leisten, d. h. der lutherischen Lehre zu widerstreben, hat er im Sinne des Eidforderers nicht gehalten. Er spricht sich hierüber in der Bestätigung der „Kirchenordnung im Kurfürstenthum der Marken, wie man sich beide mit der Leer und Ceremonien halten soll von 1540, II. Ausgabe 1542, die auch von Kaiser Karl V. bestätigt ist, folgendermaßen aus, indem er sich von Gottes (und nicht des römischen Stuhls) Gnaden Bischof von Brandenburg nennt, sich auf seine Verpflichtungen, die er bei seiner Weihung zum Bischof übernommen, alle Irrthümer zu meiden in der Lehre und das göttliche Wort auszubreiten und zu fördern, beruft, die Kirchenordnung mit der Schrift übereinstimmend findet und noch eine fernere christliche Vereinigung hofft. Luther selbst schätzte den Bischof Matthias, daß er bei seinem Tode 1544 ausrief: „Gott gebe uns solche Bischöfe mehr!" Will man dem Bischof von Jagow vorwerfen, daß er den Cölibat aufgab nach 1. Tim. 3, 2: ein Bischof sei Eines Weibes Mann, oder daß er vor seiner Verheirathung mit Catharina von Rochow schon zwei Söhne gehabt, welche ihn überlebten, [68] so wollen wir nur auf Johann VI., Bischof von Meissen, † 1518, weisen, von welchem es in einer Handschrift der Series episc. Misn. heißt: „Er schenkte viele Güter seinen Söhnen, Brüdern und Enkeln; denn vorher waren sie arm und zu seinen Zeiten fingen sie an reich zu werden, daß sie die Besitzung und Schloß Tetzschen mit den zugehörenden Liegenschaften kauften." [69] Auch der katholische Verfasser des Buchs Albrecht von Brandenburg, Erzbischof von Mainz und Magdeburg (Hennes, Mainz 1858), welcher übrigens sowohl der Bestätigung der Märkischen Kirchenordnung, als der Verheirathung des Bischofs durch sein Stillschweigen nicht widersprach, überhaupt auch unabhängig von den Bestimmungen des Tridentinums selbstständig als Reformator seiner Mainzischen Klöster auftrat, giebt die Furcht des Cardinals vor den Enthüllungen zu, womit Luther ihm gedroht hatte. Selbst der streng katholische Eiferer, Bischof von Havelberg, Busso von Alvensleben, ordinirte in den letzten Jahren lutherische Prädikanten, welche das h. Abendmahl in beiderlei Gestalt austheilten. Indeß war die Anzahl der Bischöfe in der episcopalen Märkischen Kirche doch nur gering, denn rechnen wir die markgräflichen Bischöfe Friedrich Sigismund und Joachim Friedrich ab, so war außer Matthias nur noch Joachim von Münsterberg, Sohn des Herzogs Karl (seine Mutter war eine geborene Herzogin von Sagan), welcher, 1538 schon zur evangelischen Kirche übergetreten, 1546 den bischöflichen Stuhl von Brandenburg erhielt. 14 Jahre lang verwaltete er das Bisthum, bis er wegen der Abführung der Hufe- und Sandgelder mit seinem Clerus in Streit gerathen, das bischöfliche Amt niederlegte und sich nach Breslau, wo er früher Dompropst gewesen, zurückzog. Noch nicht 300 Jahre später legte in Breslau ein Fürstbischof sein Amt nieder und zog nach Berlin, des römischen Joches überdrüssig, dem deutschen Episcopat in dunklen Zeiten ein Vorbild evangelischer Freiheit.

Ueber die Einführung der Reformation in die Mark schreibt der ehrliche M. Petrus Haftitius, Rector der beiden Schulen zu Berlin und Cöln an der Spree A. D. 1599 [90]: „In diesem Jahre (1539) nach ausgefegten Papistischen Gräueln und Reformation der Kirchen ist die reine gesunde Lehre des heiligen Evangelii lauter und klar in der Chur Brandenburg angegangen und vor allen anderen Städten erstlich zu Spandau geprebigt worden, daß auch die Leute von Berlin häufig dahin gelaufen und gefahren, die Predigt anzuhören, und ist an Aller Heiligen Tage in Gegenwart aller Prädicanten, so aus den Städten der Chur Brandenburg dazu erfordert, das erste evangelische Amt von Herrn Matthias von Jagow, Bischof zu Brandenburg, gehalten, und wie man's hinfürder mit der Communion nach Ordnung und Einsetzung des HErrn Christi sollte halten, christlich verordnet worden, und hat weiland der durchlauchtigste, hochgeborne Fürst und Herr, Herr Joachim II. Marggraf zu Brandenburg, des H. R. Reichs Erzkämmerer und Churfürst ꝛc. seliger, milder und hochlöblicher Gedächtniß, das hochwürdige Sacrament des wahren, natürlichen und wesentlichen Leibes und Blutes des Herrn Christi in beiderlei Gestalt empfangen und folgenden Tages ein ehrsamer Rath beider Städte Berlin und Cölln und mit ihnen viel Volks gleichergestalt hinzugegangen, und wie das göttliche Wort in der Chur Brandenburg (Gott Lob und Dank!) hat angefangen zu leuchten, also hats für und für zugenommen und durch Gottes gnädigen Segen und unser christlichen Obrigkeit Schutz und Beförderung bis auf diese Stunde rein und lauter erhalten worden, dafür man Gott billig zu danken und ferner zu bitten genugsam Ursache hat, daß er uns und unsere Nachkommen rein und lauter ferner gnädigst dabei erhalten wolle, weil es sich (leider) ansehn läßt, als wollte es wegen unsrer großen Undankbarkeit von uns wandern." Aehnlich wie Haftitz schreiben auch andere Geschichtsschreiber seiner Zeit z. B. Angelus. Während letzterer in seiner Chronik die märkischen Bischöfe aufführt, thut er es ebenso mit den Generalsuperintendenten, welche an Stelle derselben getreten waren, mit den Worten bei der Introduction: „An dem Sonntage sang er seine erste Messe zu St. Peter."

Es konnte die märkische Kirche, wenn auch die Lehre und Verwaltung der Sakramente nach der Schrift gehalten wurden, da die bischöfliche Verfassung und größtentheils der frühere Cult geblieben war, eine katholisch-unirte genannt werden. Das war die Idee, welche dem Kurfürsten vorschwebte, eine deutsch-katholische Kirche darzustellen, wie er ja auch sagte: er glaube nicht eine Römische oder Wittenbergische, sondern eine ecclesiam catholicam. Denn er meinte, daß wohl noch eine Vereinigung der päpstlichen und evangelischen Religion möglich wäre, und es gefiel ihm an der ersteren das in die Augen und Sinnen fallende Ceremonienwesen; wie er selbst auch einen prächtigen Hof hielt, so dachte er, müsse die Kirche auch nicht ohne Herrlichkeit sein. Daher rührte in seiner Reformation die Erhaltung aller nur irgend zu erhaltenden Gebräuche der Kirche. Er haßte aber alle Unterdrückung der Religion und war weit davon entfernt, die katholischen Prälaten zu zwingen, die Reformation in ihren Stiften anzunehmen. Die Entwürfe zur liturgischen Ordnung und zur Messe hat er eigenhändig aufgesetzt, wie denn im Königl. geheimen Staats-Archiv noch folgender Entwurf vorhanden ist: „Die Messe bleibt billig in der Form, wie sie zu Wittenberg allemal gehalten worden, daß die Priester und Ministranten an den Orten, wo der Personen genug sind, in den Kirchenkleidern, Gewändern und Ornaten vor den Altar gehen und erstlich das Confiteor sprechen. Dann singt man den Introitum, das Kyrieleis, das Gloria in excelsis Deo et in terra pax. Dominus vobiscum. Die Collekte. Die Epistel. „Alles lateinisch und wann dieselben lateinisch Alßdann den Folkh teutsch vorlesen." Das Gratial. Das Hallelujah. Das Sequens oder ein tractus nach Gelegenheit der Zeit und Feste. Das Evangelium lateinisch gesungen und dem Volke deutsch vorgelesen. Das Credo in unum Deum und Patrem. Das Symbolum — ganz so wie es in den Stiften gebräuchlich. In Pfarren und da nicht Stifte sind, mag man für das Gratial die alten deutschen Lieder singen; zu Weihnachten: ein Kindelein so löbelich; zu Ostern: Christ ist erstanden; zu Pfingsten: so bitten wir den h. Geist und für das Patrem: wir glauben all an einen Gott." (91)

Die Kurfürstl. Brandenb. Kirchenordnung war hinsichtlich der Lehrpunkte nach der Ansbach schen Kirchenordnung von Brenz und Strattner von 1533 entworfen, hinsichtlich der Gottesdienstordnung von Luther gebilligt. Spieker in seinem Andreas Musculus, Frankfurt a. d. O. 1858 S. 21—25, und der Abdruck der Agende von Johann Georg, Berlin 1846, enthält in der Einleitung 1—12 Näheres. Ueber das berühmte Missale germanicum, auch das teutsche Brevier genannt, von 1568 oder richtiger: Der alten reinen Kirchengesänge verdeutscht Anno 1569, am Ende: gedruckt zu Frankfurt a. O.

Anno 1568. vergl. man Ph. Wackernagel: das deutsche Kirchenlied I. S. 782. (92) Spieker Musculus Seite 25. Dr. Friedländer in v. Lebeburs Archiv, wo es näher beschrieben. Seien hier auch die Worte Ph. Wackernagels wiederholt: „Vielleicht dürfen wir nach Ablauf von drei Jahrhunderten noch eine erwünschte Nachwirkung erwarten von dem oben erwähnten Missale: die neuern liturgischen Bestrebungen in der lutherischen Kirche an demselben Orte, wo jene ersten Versuche stattfanden (Berlin), werden nicht umhin können, von diesem ältesten ehrwürdigen Denkmal und dessen weiteren Aufschlüssen Kenntniß zu nehmen und es als den ihnen historisch gegebenen Ausgangspunkt anzusehen. Während man damals den Fehler beging, den Liedern der lutherischen Kirche nicht gerecht zu werden, müssen sich jene Bestrebungen hüten, die Lectionen und Gebete der alten und der neuen Kirche unbenutzt zu lassen." (93) Ein anderes liturgisches Werk, für das Hochstift zu Berlin zunächst bestimmt, ist die unter Joachim II. noch ebirte Dispositio psalmorum ad horas, ut vocant canonicas: **Disposition Ordnung und austheilung der Psalm über das gantze jar, zu jeden Stunden, wie die in hohen Stiefft allhier gehalten werden.** Anno 1570. (94) Alle diese reichen Schätze harren noch der Wiederbelebung und gewähren ein schönes Material, daraus für Ausgestaltung des evangelischen Cultus zu entlehnen.

Die kurfürstliche Kirchenordnung fand aber nicht überall Anerkennung. Bischof Georg von Lebus war so sehr der Schrecken aller lutherischen Geistlichen in der Mark, daß sie einmal Joachim II., als er bei Widerspenstigkeit drohte, sie dem Papst oder Bischof von Lebus zu übergeben, erschrocken antwortete: „O, gnädiger Herr, behüt' uns Gott vor dem Papst und dem Bischof von Lebus; es ist ein Teufel wie der andere!" — Derselbe war wie Buffo von Havelberg keineswegs gewillt, sich der Ordnung des Kurfürsten zu fügen, weshalb ihm daher die Ordination der Geistlichen und die geistliche Jurisdiktion genommen ward. In Fürstenwalde, wo er in seinem Schlosse wohnte, wurde in der Domkirche der katholische Gottesdienst fortgesetzt.

Bei der ersten Kirchen-Visitation im Lebuser Kreise 1541 ward Fürstenwalde übergangen. Es befand sich indessen in der Stadt eine ziemlich starke evangelische Partei. Im Magistrate selbst waren nur zwei, der Bürgermeister und ein Rathmann, welche es mit der alten Kirche hielten. Die übrigen beriefen den Dr. Simon Musäus, einen Schüler Luthers, 1544 zum ersten evangelischen Prediger. Bei seinem Eifer, mit dem er das Papstthum als den Antichrist darstellte, konnte sein Verhältniß zu seiner Obrigkeit, dem Bischofe, nicht das beste sein. Es ward den Evangelischen zwar eine Kapelle zum h. Geist eingeräumt; doch beklagte sich Musäus, daß der Bischof nichts zu seiner und des Diakonus Unterhaltung thun wolle, auch für die evangelisch gesinnten Rathsleute katholische eingesetzt habe, welche die Evangelischen drückten, der Kurfürst müsse den halsstarrigen rebellischen Bischof, der die landesherrlichen Befehle nicht achte, nachdrücklich zum Gehorsam anhalten. Dieser erwiderte, daß er über die Besetzung der Rathsstellen nichts zu verfügen habe, daß dies nur dem Bischofe zukomme. Im Uebrigen sollten sich die Prädicanten den Umständen fügen. Der Bischof selbst schrieb 14. Oct. 1545 an den Kurfürsten: Wegen der Religion strafe er keinen; aber den Muthwillen der Bürger, die ihn, das Domcapitel und die katholische Religion so gern zu beschimpfen suchten, müsse er strafen. "Vor einem Jahre schrieben Ew. Kurfürstlichen Gnaden wegen des einen Predigers an uns, daß er außerhalb der Domkirche predigen könnte. Das haben wir geschehen lassen. Gegenwärtig halten sich die Fürstenwalder auch einen Caplan, einen Schulmeister, einen Cantor und einen Küster. Das lassen wir gleichfalls zu. Diese Leute alle aber zu besolden, achten wir uns nicht für verpflichtet. Woher sollten auch die Mittel dazu kommen? — Die sogenannten Evangelischen sind äußerst unduldsam. Sie wollen die andern Einwohner zwingen, mit in ihre Kirche zu gehen und weigern sich mit denen, die es nicht thun, an öffentlichen Orten und bei Gastmählern an einem Tisch zu sitzen. Freilich setzen wir uns katholische Personen in den Rath; wenn diese sich aber zu den Evangelischen wenden, werden sie, dafern sie nur keine Ruhestörer sind, von uns nicht daraus vertrieben." Der Magistrat erklärte aber unterm 26. October: „Offenbar und geradezu bestraft der Bischof freilich Niemand wegen der Religion; aber wohl unter allerhand Vorwand, und jede Aeußerung unsers Religionseifers nennt er Muthwillen." (95)

Noch weit unbeschränkter und entschiedener als in Fürstenwalde beengte der Bischof die Evangelischen in seiner Residenz Lebus, und das Papstthum konnte sich hier länger als in den meisten andern Städten behaupten: erst 1570 wurden vom Administrator Johann Georg die ersten evangelischen Prediger hierher berufen. (96) Aehnliche Bedrückungen sind auch in der Herrschaft Beeskow-Storkow vorgekommen.

Die erste General-Kirchenvisitation in derselben fand erst 1579 unter Johann Georg am Sonntag Reminiscere statt. Da nun vom Bischof Georg alle reformatorischen Bestrebungen in Beeskow, woselbst er wie in Storkow ein Schloß hatte, niedergehalten wurden, so wandte sich der Magistrat schon 1540 wegen Einführung des evangelischen Bekenntnisses an den Official des Bischofs von Meißen zu Lübben, Erasmus Günther, unter dessen geistlicher Jurisdiction die Stadt vor Ankauf der Herrschaft durch B. Dietrich von Lebus früher gestanden hatte. Einer der letzten Meißenschen Bischöfe, Johann VII. (von Schleinitz) 1518—1537 war zwar als eifriger Freund von Herzog Georg ein entschiedener Gegner Luthers. Er ließ auch die Bannbulle gegen Luther, welche Dr. Eck aus Rom mitgebracht hatte, in der Domkirche zu Meißen 25. Sept. 1520 publiciren und suchte durch Heiligsprechung des Abtes Benno das gesunkene römische Christenthum freilich vergeblich zu stützen. Seine Verbote aber, Luthers Schriften zu lesen und die Strenge, wodurch das kirchliche und weltliche Regiment die sich kund gebenden Regungen zu unterdrücken suchten, bewirkten das Gegentheil: Mönche und Nonnen verließen fast alle die Klöster. Sein Nachfolger Johann VIII. (von Maltitz) konnte dann nach Herzog Georgs Tode 17. April 1539 das Zusammenbrechen der römischen

Kirche in seiner Diözese nicht mehr hindern. Vergebens stützte er sich auf seine Macht als Reichsfürst und suchte beim Kaiser und Reichskammergericht Abhülfe seiner Beschwerden. (Die Kleinodien des Doms wurden schon 11. Mai 1542 vom Herzog Moritz in Verwahrung genommen, ihr Werth belief sich auf ¼ Million, andere Gegenstände daselbst wurden inventarisirt. Derselbe Herzog verbot dem Bischof 1545 die Spendung des h. Abendmahls nach röm. Ritus unter einer Gestalt. Nach Johann VIII. Tode folgt 1549 Nicolaus II. (von Carlowitz) und 1555 Johann IX. (von Haugwitz), welcher 1581 resignirte.) Günther empfiehlt dem Magistrat zu Beeskow in seinem Schreiben vom 23. März 1540 bei dem „in Gott Vater, Fürsten und Herrn, Georg Bischof zu Lebus" mit Bitten demüthigst anzuhalten, daß er endlich gnädige, christliche Antwort gewähren möchte. Die unerfahrenen, einfältigen Leute aber sollten eine Zeit lang unterwiesen werden, damit sie zu rechtem Verstande und Glauben des h. Sakramentes, wie es unser HErr Christus eingesetzt, kommen möchten, „wie denn das euer Prediger, Gott Lob, wohl wird zu thun wissen." (97)

Danach war also schon 1540 zu Beeskow ein lutherischer Prediger, nämlich Caspar Bartholdt, welcher von 1540—49 der Beeskower Kirche vorstand. Er war nebst Petrus Petri von Erasmus Günther eingeführt. In demselben Jahre verehrte Günther dem Rath zu Beeskow noch aus guter Wohlmeinenheit freundlich ein Büchlein, wie die Kirchen und Pfarrämter in seines gnädigen Fürsten und Herrn, Herzog Heinrich von Sachsen, Landen christlich und tröstlich bestellet und gehalten werden. Nach dieser Kirchenordnung wird denn Bartholdt Messe und Cäremonien gehalten haben. Es ist aber auch wahrscheinlich, daß nach der Uebernahme der Herrschaft Beeskow-Storkow von Johann von Küstrin, nach der Huldigung der Bürgerschaft und des Adels am 15. Februar 1556 auch die Nürnberg-Anspachsche Kirchenordnung von 1533, welche von Dr. Althammer und Strattner nach Küstrin gebracht war, und wonach in der Neumark der

Gottesdienst eingerichtet wurde, auch in diesem neu erworbenen Gebiete bis zu Johanns Tode Gültigkeit gehabt habe. Uebrigens suchte der gereizte Bischof Georg, als die Beeskower ihm abschlugen, zum Schmalkaldischen Kriege, in welchem Joachim II. auf Seiten des Kaisers stand, Mannschaften und Rüstwagen zu stellen, auf alle Weise die evangelische Lehre in ihrer Ausbreitung zu hindern, "wegen der jetzigen Läufte, so vorhanden, darinnen uns und die ganze Deutsche Nation die lutherische Secte gebracht, Gott weiß, wann es noch ein Ende nehmen wird. Aber wir wollen aus der Röm. Kaiserlichen Majestät Lied einen Reigen nehmen, darinnen so steht: "Lange geborgt, ist nicht bezahlt." Er führte auch seine Drohungen aus, indem er mehrere Renten, für in der Kirche gestiftete Altäre einzog, welche auch sein Nachfolger, nachdem der vom Domcapital gewählte Archidiakon Redorfer freiwillig dem Bisthum entsagt hatte, Dr. Johann Horneburg seit 1551 innebehielt, bis nach mehrfachen Beschwerden nach Ausspruch des Magdeburger Schöppenstuhls Kurfürst Johann Georg 1575 der Kirche die Güter zurückerstattete. Die Stadt mußte ihre beiden Prediger aus eigenen Mitteln erhalten. Der Bischof Horneburg suchte auch in Storkow seine Diözese von der neuen Lehre zu reinigen. Er schrieb deshalb an den dortigen ersten lutherischen Geistlichen Johannes Helionorus wegen der Feier des h. Abendmahls unter beiderlei Gestalt "einen scharfen Brief". An den Markgrafen Johann von Küstrin, dem er 14. Juni 1554 die Rathspflicht geleistet, weil in seinem Gebiet ein Theil seines Sprengels lag, richtete er gleichfalls ein ernstes Warnungsschreiben wegen seines Abfalls von der christlich-katholischen Kirche, "außerhalb welcher kein Heil ist", und fordert ihn unter Vergießung von Thränen inständigst auf, sich wieder in Gehorsam wider dieselbe zu begeben. Es war der Schwanengesang des lebusischen Bischofs. Schon am 16. Juli 1554 entschlief Dr. Johannes, der sich im Leben den Ruhm der Duldsamkeit zu erwerben gewußt hatte, auf seinem Schlosse zu Storkow. Er war ein großer Freund der Alchemie gewesen.

Auf Wunsch des Markgrafen Johann setzte es sein Bruder, Kurfürst Joachim II., beim Domcapitel durch, daß sein Enkel Joachim Friedrich vom Domcapitel gewählt und dem Papste zur Bestätigung empfohlen wurde. Dieser postulirte junge Bischof war erst neun Jahre alt; doch erhielt er die Tonsur und ward von einem katholischen Bischofe zum Priester geweiht. Für ihn übernahm sein Vater, der Kurprinz Johann Georg, die Administration der Güter des lebusischen Bisthums. Die Herrschaft Beeskow-Storkow aber verkaufte er nach dem Kaufbriefe vom 8. December 1555 angeblich wegen Schulden, welche frühere Bischöfe gemacht hatten, — an den Markgrafen Hans von Küstrin, welcher seinem Bruder Joachim II. verschiedene Summen vorgeschossen hatte, für 45,000 Goldgulden. Es war das dieselbe Summe, welche 1518 B. Dietrich gezahlt hatte. Der Markgraf von Küstrin aber zahlte noch 14,000 Thlr. an Joachim heraus. Das Domkapitel zu Fürstenwalde ward zur Einwilligung in diesen Handel und zur Herausgabe der alten Pfandverschreibung von Ulrich von Biberstein gewaltsam gezwungen.

In der Woche nach Ostern kamen Markgraf Johann Georg, Johann von Küstrin und Kurfürst Joachim II. nach Fürstenwalde. Letzterer ließ den Archidiakon Redorfer in seinem Hause und den an Krücken gehenden Senior Finsterwaldt, welcher sich bei einer katholischen Wittwe in Stroh und Häckjel versteckt hielt, nachdem man Nachts Sturm geläutet, gefangen auf's Schloß führen. Die dazu beauftragten Bürger erhielten zwar Erlaubniß, in den Häusern der Domherren von den vorgefundenen Speisen und Getränken sich gütlich zu thun; indeß im Bierrausche demolirten sie dabei das Eigenthum, namentlich das Leinenzeug des alten Finsterwaldt, so daß ihm ein Schaden von 800 Gulden daraus erwuchs, während ihm der Administrator 30 und der Markgraf Johann 50 Thlr. Entschädigung gaben. Aehnliche Gewaltthätigkeiten in aufgeregten Zeiten, die keineswegs zu billigen sind, kamen ja auch sonst wohl vor. Vergl. z. B. das Schriftchen: Zwei Bilder aus dem kirchlichen Leben der Stadt Hannover von Dr. theol. Uhlhorn, Hannover 1867. Der evangelische Pfarrer (Georg Polus) mußte darauf folgenden Tags am Sonnabend eine Predigt in der Domkirche halten über Pj. 24: Machet die Thore weit und die Thüren in der Welt hoch, daß der König der Ehren einziehe, und die Gemeinde sang: „Es ist das Heil uns kommen her." Nachdem die Domherren (wahrscheinlich) die Pfandverschreibung und gezwungen den Consens ertheilt, wurden sie freigelassen.

Vom Dome wurde das Schiff den Lutherischen, das hohe Chor den Katholischen zu ihrem Cult überwiesen. Redorfer aber erhielt Erlaubniß, auch im eigenen Hause bis zu seinem Tode, der 1559 zu Fürstenwalde erfolgte, Messe zu lesen. (98) Etwa 300 Jahre später erstand dort wieder eine katholische Capelle.

Am 13. und 14. Mai 1556 empfingen die bischöflichen Lehnsleute im Lande Lebus neue Lehnsbriefe.

Münchehofe unter Johann von Küstrin, unter der Superintendentur Beeskow.

Nach der Huldigung des neuen Lehnsherrn, die in üblicher Gewohnheit mit Hand und Mund geschah, erhielt auch Georg Lange seinen Lehnbrief. Er ist zu Beeskow Dienstag nach Misericordias ausgestellt und lautet ähnlich wie der von den Bischöfen über die Dörfer Münchehofe, Hermsdorf, Groß-Eichholz, Neuendorf und Schwerin ausgestellte, nämlich über alle zugehörigen Ländereien, Wasserläuften, Wiesen, Zeidlern, „Seeh Buckwitz ꝛc." Auch Catharina, die hinterlassene markgräfliche Wittwe, bestätigt diesen Lehnbrief 19. März 1573. Uebrigens hat Markgraf Hans denselben mit eigener Hand unterzeichnet. Er befindet sich wie die übrigen im Königlichen Rentamt zu Königs-Wusterhausen. Die Güter und Rechte des Bisthums wurden immer mehr säcularisirt. Der Administrator schenkte dem Rath zu Fürstenwalde darum, weil er seither die Kirchendiener und Kirchengebäude mit bedeutenden Kosten unterhalten hatte, alle in der Mark und in der Lausitz ausstehenden Capitalien der lebuſſchen Domvicarien. (99) Hierdurch kamen alſo die Zinſen von Münchehofe S. 50, welche früher den Domvicaren bezahlt wurden, an den Magiſtrat zu Fürſtenwalde.

Unter Johann hatten die evangeliſch Geſinnten in der Herrſchaft Beeskow-Storkow freiere Bewegung. In den Städten fielen der lutheriſchen Kirche der Magiſtrat, auf dem Lande der Adel zu, die alte Lehre und der Mariencult mochte noch von den geringern Leuten und dem Landvolk gepflegt werden. Wie entſchieden der Markgraf gegen die Marienverehrung auftrat, zeigt ein Vertrag, den er 1550 mit dem Biſchof Georg von Blumenthal über Aufhebung der Wallfahrten nach dem Muttergottesbilde zu Göritz geſchloſſen hat: „daß er den Götzen und Baal, damit grauſame und erſchreckliche Abgötterei im Tempel zu Göritz getrieben, in Anſehung, daß es wider das erſte Gebot Gottes, dazu wider prophetiſche und apoſtoliſche Schrift, geiſtliche und weltliche Geſetze wäre, hinweg thun ſollte; denn wir ſolche grauſame und hochſträfliche Abgötterei in unſerm Fürſtenthum keineswegs zu gedulden wüßten." Markgraf Hans war viel nüchterner, einfacher, praktiſcher als ſein Bruder Joachim, an den er 5. Juli 1551 ſchrieb: „Und zweifeln ſchließlich mit nichten, Eure Liebden werden ſo ungern den Baal und ſeine Abgötterei (zu Göritz) in ihrem Fürſtenthum ſchützen und dagegen Chriſtum und ſeine Lehre ausjagen, als eben wir daſſelbe zu verſtatten geſonnen." (100) — Joachim II. verwandte viel auf Bauen und Feſte, wodurch er ſich in Schulden ſtürzte, was ihm hier und da Vorwürfe zuzog. Aber wenn man ihm ſeine Reformation dadurch, daß er leer ſtehende Klöſter zu ſeiner Kammer zog oder gegen Vorſchüſſe veräußerte, zum Werk des Eigennutzes macht, ſo iſt zu bedenken, daß er viele davon zu einem beſſern Zweck verwandte, als ſie vorher benutzt waren. (101) —

Die beiden Brüder Joachim II. und Johann, in Glauben und Liebe vereint, blieben es auch faſt im Tode; am 2. Januar 1571 ſtarb der ältere, am 13. der jüngere Bruder. Da Johann keinen männlichen Erben hinterließ, ward Johann Georg

Besitzer beider Länder, der Kurmark und Neumark. Die Wittwe Johanns, Catharina, oder wegen ihrer Liebe und Güte zum Volk „Mutter Käthe" genannt, eine fromme Fürstin, starb 1574 zu Crossen auf ihrem Wittwensitz. Johann Georg erhielt nun die eigenthümliche Ueberlassung beider Herrschaften für die unterdeß auf 170,000 Thaler angeschwollene Kaufsumme. Kaiser Maximilian II. ertheilte den Lehnbrief zu Prag 19. Sept. 1575 ausgefertigt. (102) Seitdem blieb Beeskow-Storkow mit dem Kurfürstenthume vereinigt. Johann Georg stellte 1577 auch George Lange den Lehnbrief über Münchehofe ꝛc. aus. Um nun den kirchlichen Cult, welcher in der Kurmark, in Beeskow-Storkow und in der Neumark verschieden gehalten wurde, zu regeln, hatte Johann Georg durch den Generalsuperintendent Andreas Musculus und Dompropst Georg Cölestinus eine neue Kirchenordnung für die gesammte Mark entwerfen lassen. Sie erschien im Jahre 1572 in Folio und findet sich noch öfters in alten Kirchenbibliotheken der Mark. Ihr Titel lautet: Die Augspurgische Confession aus dem Rechten Original, welches Keyser Carolo V. auff dem Reichstag zu Augspurg Anno 1530 übergeben, der kleine Catechismus. Erklerung und kurtzer Außzug aus den Postillen und Leseschrifften des thewren Mans Gottes Dr. Lutheri, daraus zusehen, wie derselbe von fürnembsten Artikeln unserer Christlichen Religion gelehrt, Aus verordnung des durchlauchtigsten hochgeboren Fürsten und Herrn, Herrn Johansen Georgen Marggrafen zu Brandenburg, des heiligen Römischen Reichs Ertz-Cämmerers und Churfürsten ꝛc. Vor die Kirchen in seiner Churf. G. Landen, Neben einer allgemeinen Agenden oder Ordnung, nach welcher sich die Pfarrherr und Kirchendiener zu verhalten, zusammen gedruckt.

Vorgedruckt sind zwei Holzschnitte. Auf dem einen liegen vor einem Crucifix Joachim II. und Luther auf den Knien betend, das andere stellt den Kurfürsten Johann Georg, einen

Siegelring um den Hals an einer Schnur tragend und das Brandenburg. kurf. Wappen bar. Außerdem befinden sich zwei Vorreden vor dem Lehrtheil und der eigentlichen Agende. Letzterer ist die revidirte Kirchenordnung von 1540, sowie die Neumärkische Kirchenordnung zu Grunde gelegt. Wenn auch von dem frühern reichen Ceremoniell Manches abgethan und vereinfacht wurde, so blieb doch noch die Feier von 36 Festtagen angeordnet, nämlich außer den Hauptfesten Christtag, 3 Oster- und 3 Pfingsttage, Himmelfahrt, Michaelistag, noch 4 Marientage, die Apostel- und folgende Heiligentage Stephans, Mariä Magdalenä, heil. 3 Könige, Laurentii, Omnium Sanctorum, Martini, Catharinä und Kirchweihfest. „Der Chorgesang soll wie bisher in allen Pfarrkirchen gebräuchlich gewesen, lateinisch gesungen und gelesen werden, jevor an, so es de tempore ist, da soll nichts nachgelassen werden, es sei Metten, Prima, Tertia, Sext, Nona, Vesper, Complet oder was der mehr ist, ein jegliches wie mans findet in seiner Rubrica ohn alle Leichtfertigkeit. „Die Marterwoche soll mit alten christlichen Gesängen und Cäremonien, wie in unserm Brevier zu ersehn. Vom Palmtag an, der denn seine sonderliche Ordnung hat, mit Ablesung der Passion und andern Gebräuchen (in der Agende von 1540 war für den Charfreitag Repräsentation der Sepultur verordnet) soll folgende Tage bis auf Ostern, alle Abend um 4 Uhr die Complet gehalten werden, und nach derselben ein Stück der Passion, wie sie von der Kirche ausgetheilet, dem Volk vorgeprediget und erklärt werden" ꝛc. (103)

Es ist diese Agende die letzte, welche von den lutherischen Kurfürsten der Mark verliehen ist. Ihr folgt die Agende von 1829 für die Provinz Brandenburg. Unter dem Brevier ist das liturgische Werk von Joachim II. gemeint, der alten reinen Kirchengesänge verdeutscht von 1568 vergl. S. 60. Von Johann Georg sind aber noch einige liturgische Schriften edirt, von welchen unten weiteres.

Im Jahre 1573 ward auch eine neue Visitations- und Consistorial-Ordnung vom Generalsuper. Andr. Musculus,

Dompropſt Dr. Cöleſtin und Kanzler Diſtelmeyer entworfen. Die erſte märkiſche Conſiſtorial-Ordnung war die ſächſiſche von Luther, Bugenhagen, Juſtus Jonas, Kaspar Kreuzer, Philipp Melanchthon und von den Juriſten Hironymus Schurf, Georg Brück, Benedikt Paulus 1542 zu Wittenberg verfaßt. Joachim II. hatte ſie ſich durch den Propſt Georg Buchholzer 1545 von Luther ausgebeten. Nachdem durch die Kriegsunruhe nach der Schlacht bei Mühlberg das Wittenberger Original verloren gegangen war, wurde die Conſiſtorial-Ordnung durch Georg Buchholzer 1563 wieder in Berlin in Druck gegeben. (104)

Die Viſitations- und Conſiſtorialordnung war von Johann Georg empfohlen, „damit die hohe Obrigkeit durch getreue und fleißige Männer und Aufſeher die Kirchen beſuchen und von der chriſtlichen Lehre und Sacramenten Erkundigung nehmen laſſe, ob auch Chriſti unſers lieben Herrn Befehl nach rein gelehrt und adminiſtrirt werde, oder ob Rotten, Secten, Unzucht und andere Laſter eingeriſſen, desgleichen von Sitten und Schutz der Pfarrer, Beſſerung und Zunehmen der Zuhörer, auch der Kirchen und Pfarrgebäude und Einkommen, davon man die Diener göttlichen Worts, Schulen, Hospitäler, Küſter und arme Leute unterhalten ſoll und andere Mängel in geiſtlichen Sachen." (105) Dieſe Conſiſtorialordnung iſt mit großer Umſicht und Sorgfalt, in chriſtlich-evangeliſchem Geiſte abgefaßt. Alle zehn Jahre ſollte die Viſitation reiterirt werden, im fünften, ſechsten und ſiebenten Jahre nach Erlaß der Ordnung ſollten die Mittelmarken an die Reihe kommen. Es ſtimmt hiernach, daß im Jahre 1579 die Kirchen-Viſitation in der Herrſchaft Beeskow-Storkow abgehalten wurde.

Der Viſitations-Abſchied des Städtleins Storkow vom 12. Martii Anno 1579 lautet nach der Abſchrift des Inſpector Röniſch (106) im Auszuge: „Zu wiſſen, nachdem unſer gnädigſter Herr, der Kurfürſt zu Brandenburg uns unten beſchriebenen geiſtlichen Viſitatoribus die General-Kirchen-Viſitation, in der Herrſchaft allhier zu Beeßkow zu halten gnädigſt committiret und befohlen, und das Städtlein Storkow auf heute, Dienſtag nach Invocavit, auch beschieden, so ist doch der Herr Pfarrer sammt seinem Capellan, desgleichen Andreas Schnitt, Vorsteher der Kirchen, allein erschienen, und sonsten keiner aus des Raths Mittel, ungeachtet, daß E.E. Rath anhero gefordert worden, angekommen.

Es sind aber gleichwohl die Herren Visitatores durch den Herrn Pfarrer und anwesenden Kirchen-Vorsteher berichtet worden, daß sich die Einwohner des Städtleins zur Anhörung göttlichen Worts und Predigt auch zu dem Gebrauch des hochwürdigen Sakraments ziemlichen verhalten sollen. Daß auch ein E. Rath oder Gemeinde des Städtleins sich über ihren Pfarrer und Caplan wegen ihrer Lehre und ihres Lebens nicht zu beschweren haben, welches die Herrn Visitatoren für ihre Person gern gehöret... Weil aber die Herrn Visitatores berichtet worden, daß sich gemeldter Valentin Möller (der Caplan, welcher auf dem Selchow'schen See freie Fischerei „mit der Wutte" hatte) auf die Fischerei zum höchsten soll befleißigen, dadurch auch oft sein Amt versäumet und nach Nothdurft nicht bestellet: wollen die Herrn geistlichen Visitatores ihm anstatt hochgedachtes unsers gnädigsten Herrn, des Kurfürsten zu Brandenburg aufgelegt haben, daß er sich vermäßiglichen der Fischerei nicht gebrauche, und sein, und sein Amt hierdurch im geringsten nicht bei Verlust seines Amts versäume...

Da die Schulgesellen zur Visitation nicht erschienen, sollen dieselben in gebührliche Strafe genommen werden. Da sie bei den Schülern nicht großen Fleiß anwenden, so sollen Hauptmann, regierender Bürgermeister und Pfarrer die Inspection übernehmen und quartaliter zur Schule gehn und vorkommenden Falls, wenn die Lehrer nicht genug Fleiß angewandt haben, dieselben beurlauben. Es soll eine Jungfrauenschule angelegt werden, daß die jungen Jungfräulein in guter Zucht und Ehrbarkeit erzogen werden. Die Schulmeisterin soll sich nach Dr. Musculi Superintend. Ordnung verhalten...

(Es sollte danach in Frankfurt a. O. das Lesen, Beten und der Katechismus getrieben, neben den Evangelien und Episteln der Jesus Sirach, die Psalmen und Proverbien gelesen werden, alle „unnütze und obiöse Sachen" müssen unterbleiben. Nachmittags müssen die Mädchen zur Vesper kommen. (107) Donnerstag nach Invocavit 1579 zu Beßkow geschehn. Andreas Musculus Dr. Bartholomäus Rathemann Dr. Eckhardt Lippmann Dr. Michael Neumann. Clement Ludwig, Hauptmann zu Beßkow."

Die Visitatoren trugen nach dem Visitations-Abschied von Beeskow besonders dem Inspector (Superintendent) daselbst auf, „die Pastores von den Dörfern, einen nach dem andern, in dieser unserer Stadtkirche predigen zu lassen und darauf Achtung zu geben, daß sie sich der christlichen Kirchen- und Visitationsordnung gemäß, auch sonsten unsträflich verhalten. (108)

Zu diesen Dorfpastoren gehörte auch der zu Münchehofe; denn Storkow hatte bis zu der ersten Hälfte des XVII. Jahrhunderts nur einen Pfarrherrn. Dann erst wurden die zur frühern Propstei Storkow gehörenden Parochien von Beeskow als selbstständige Inspection abgezweigt. Der im Visitations-Abschiede genannte Pfarrer wird Hieronymus Weber gewesen sein, welcher mit seinem Caplan Valentin Möller die Concordienformel unterschrieben hat. (109) Vor ihm werden aber schon zu Storkow zwei lutherische Pfarrer genannt, außer Helienorus noch M. Matthias Ebenritter, nach einer verloren gegangenen alten Matrikel. — Bei der Visitation von 1579 war Herr Nickel von Lange, Besitzer von Münchehofe, Hermsdorf, Neuendorf, Birkholz und Schwerin als Patron der Kirche zu Münchehofe von den Visitatoren anerkannt. (110) Das Dominium blieb bis zum Ankauf desselben unter Friedrich Wilhelm I. in Ausübung des Patronatsrechts. Zu Münchehofe aber hat Schadow (später Alt-Schadow) als Tochterkirche gehört. Von Nickel von Lange ist noch auf dem alten Kirchhof der Leichenstein erhalten. Er ist aus Sandstein gearbeitet und stellt ihn in voller Ritterrüstung dar. Die noch deutlich erhaltene Legende lautet: Anno 1599 Jahre ist in Gott entschlafen der edle gestrenge und ehrenfeste Nickel von Langen auf Monchehofe Chur- und furstlicher Brandenburg. Rittmeister und Raht. Auch findet

sich von ihm noch ein metallner Kelch, in Form eines Meß-
kelches, nur etwas größer, im Kirchen-Inventar. Der Fuß trägt
das Bild des Gekreuzigten, die 6 hervorspringenden Schilde
des Knaufs am Schaft sind Rosetten in Gestalt von Weinblättern in Kreuzesform, welche sich auch in schräger Richtung
oberhalb und unterhalb des Knaufs wiederholen. Die Inschrift
im Innern lautet Nickel v. Lange Collator Andreas Kruger
pasto 1584 12 Junii. — (Alte schöne Kelche aus katholischer
Zeit finden sich noch in den Kirchen zu Giesendorf u. Wittmannsdorf in der Nachbarschaft.) Da sich der Name Andreas
Krüger unter den Unterzeichnern der Concordienformel findet,
scheint dieser der erste lutherische Pastor von Münchehofe gewesen
zu sein.

Wenn auch der märkisch-lutherische Cult, wie er von Joachim II. fixirt war, in den Domstiften fortgepflegt wurde, z. B.
in Havelberg, wo vom ersten Ev. Dombechant Matthäus
Ludecus [111] ein Missale für den täglichen Gebrauch im Stift
um 1560 zusammengestellt wurde, und Johann Georg für das
Berliner Domstift das Commune Sanctorum der heiligen
Feste in gemein gedruckt zu Berlin im Grauen Kloster Anno
1575 [112] hatte ausgehn lassen, so ging doch die Strömung
der übrigen luther. Kirche nach Vorbild der Wittenberger Form
auf Vereinfachung des Cults. Dieser folgend ging nun Kurfürst Joachim Friedrich 1598—1608 einen Schritt weiter
im Abschaffen des kirchlichen Ceremoniells. Er hatte nach und
nach alle märkischen Bisthümer erhalten: 1554 nach dem Tode
seines Bruders Friedrich, Havelberg; 1571 Brandenburg; 1566
nach dem Tode seines Bruders Sigismund das Erzbisthum
Magdeburg. Unter den Landständen zu Berlin befand er sich
noch 1569 als Bischof von Lebus; doch legte er mit dem An-
tritt der Regierung des Kurfürstenthums diesen Titel ab. Er
war ein gütiger und freundlicher, aber auch weiser und wach-
samer Fürst, ein Landesbischof im eigentlichen Sinne des Worts,
welcher auf Verbreitung evangelischer Wissenschaft in der Mark
eifrig bedacht war.

1598 bestätigte er den 3 Söhnen des Nickel von Lange ihre Lehnsbriefe. Georg, Andreas und Ernst theilten sich in die Güter ihres Vaters.

Sehen wir zunächst, in welcher kirchlichen Verfassung sich damals die Herrschaft Beeskow-Storkow befand. Der katholische Cult, von dem sich noch unter Johann Georg einzelne Spuren finden, war allmählich aus Kirchen und Schulen geschwunden. Als 1576 ein Blitzstrahl zu Fürstenwalde Kirchdach und Domkirche anzündete sowie das bischöfliche Schloß und 90 Bürgerhäuser in Asche legte, wurden zur Reparatur der Kirche die Katholiken nicht mehr herangezogen. Schon 1565 hatten sie an Markgraf Johann nach Zechlin 2 Monstranzen, 2 Becher, Geschenk des Bischofs von Bülow, Chrysambüchse, silberne Rauchfässer rc. abliefern müssen. Die Lutheraner werden daher bald in den alleinigen Besitz der Domkirche gekommen sein. In Beeskow verschwinden 1580 in den Kirchen-Rechnungen die Namen der Altäre. Die verschiedenen silbernen Kirchengefäße, welche bei dem vereinfachten Cultus nicht mehr nöthig waren, wurden mit Einwilligung der Kirchenvorsteher 1594 für 600 Meißensche Gulden zu Frankfurt a. O. verkauft, um für den Erlös die Kosten für die Reparatur der Kirche zu bestreiten.

Nach dem Edikt vom 19. Decbr. 1594, „wegen der Strafen des Allmechtigen, die sich an einigen besessenen Personen zu Spandau äußern und wegen der gefährlichen Zeitläufte bei dem herannahenden Ende der Welt" gegen die Kleiderpracht und Üppigkeit erließ auch der Beeskower Magistrat eine Hochzeit- und Kindelbierordnung. Die Hochzeiten sollten von Montag Mittag bis Dienstag Abend dauern, und der Bräutigam die Gäste nur 3mal speisen und die Getränke geben. Von Ostern bis Michaelis darf nur bis zur Dunkelheit ein Tanz in Ehren von den eingeladenen Gästen gehalten werden. Hält die Wöchnerin ihren Kirchgang, so soll dies am Sonntag, Mittwoch oder Freitag, wenn man predigt, mit 3 einzuladenden Gevattern geschehn. Wer mehr als 12 Personen speist, soll nach Erkenntniß gestraft werden. (113) Noch werden also die Gottesdienste nach der Agende von 1572 fortgehalten und an zwei Wochentagen noch geprediget.

Was nun Joachim Friedrich abschaffte, war das „Affen- und Pfaffenwerk", wie sich Angelus derb ausdrückt. Es wurden in der Domkirche noch 54 heilige Tage gefeiert, darunter Conversionis Mariae Magdalenae, Mariae Magdalenae und Recordatio M. Magdalenae, Erasmi martyris, Mauritii, Elisabethae viduae etc. Diese wurden beschränkt, auch die Elevation und Ostentatio der gesegneten Elemente: „Sehet, lieben Christen! dies ist der wahre Leib und Blut unsers HErrn Jesu Christi!" wie es namentlich in Frankfurt a. O. durch Musculus üblich geworden war, abgeschafft. Zuletzt kurz vor seinem Tode hob Joachim Friedrich das Berliner Domstift ganz auf und schenkte die Einkünfte der blühenden Schule zu Joachimsthal. Ob dies wohl der Consistorialrath Achatius von Brandenburg, ein Sohn Joachim I., welcher als Scholasticus zu Mainz dem Evangelio sich zugewandt hatte, voraus gesehn, als er sein Buch Collectur: Und Außzug auß der Christlichen reinen, jetzigen unserer zeit Lehrern, wie und warumb die Christlichen freyen und ungefährlichen Ceremonien, ohne verletzung der Gewissen mögen, können und sollen gehalten werden. Durch den Ehrenfesten, Achtbaren und wolbelesenen Achatium von Brandenburg, Churfürstlichen Brandenburgischen 2c. Consistorial Raht und mitverordneten Geistlichen Visitatoren Etwan Scholasticum und Canonicum Sankt Victors vor Meintz. mit großem Fleiß zusammengetragen. Gedruckt zu Frankfurt am Mayn. MDLXXIX. mit einer Vorrede dem Kurfürsten August, Herzog zu Sachsen widmete? (114) Es ist dies Werk der letzte Sproß des verzweigten Baums der Liturgie in der märkischen Kirche des 16. Jahrhunderts, der, nachdem er reiche Früchte getragen, sich ausruhn mußte. Uebrigens thut man Joachim Friedrich offenbar Unrecht, wenn man ihm Hinneigung zur reformirten Kirche zumuthet, er selbst war ein treuer Lutheraner, ein eifriger Verbreiter der Concordienformel, wonach alle Geistlichen seines Landes lehren mußten. Deßhalb traf er auch Anstalten, daß dies Glaubensbuch nach seinem Tode Geltung behalte. Den Landesrevers von 1602: „Der Religion halber soll nichts geändert werden und wolle der Kurfürst bei der Augsburgischen Confession und Concordienbuch unverrückt bleiben..." mußte auch am 12. März 1602 der Kurprinz Johann Sigismund unterzeichnen, der schon 1593 einen ähnlichen Revers ausgestellt hatte. In demselben Jahre fand zu Beeskow wieder eine General-Kirchenvisitation Statt. Der Visitations-Abschied des Städtleins Storkow lautet im Auszuge nach Rönisch wie folgt:

„Nachdem der durchlauchtigste, hochgeborene Fürst und Herr, Herr Joachim Friedrich, Marggraf zu Brandenburg ecttr., unser gnädigster Herr, in Seiner Kurfürstlichen Gnaden Landen eine allgemeine General-Kirchen-Visitation ausgeschrieben und zur Verrichtung derselben die Ehrwürdigen, Gestrengen Edlen, Ehrenfesten, Hoch- und Wohlgeboren, Sr. Kurfürstl. Gnaden vornehme Räthe und Diener, **Abraham von Krachten** auf großen Rietz, Hauptmann zu Beskow und Storkow, Herrn **Christophorum Pelargum**, der h. Schrift Doctorem, General-Superintendenten der Mark Brandenburg und Professoren zu Frankfurt a. O., Herrn **Johann Köppen** den jüngern, beider Rechte Doctoren und Präsidenten des geistlichen Consistorii zu Cölln a. d. Sp. und Herrn **Eckhardt Heyden**, Secretarien, Sr. Kurfürstlichen Gnaden Visitatoren, mit genugsamer Instruktion abgefertigt: Als haben jetzt benannte Visitatores bei währender Visitation zu Beskow auch das Städtlein Storkow dem Herkommen nach anhero beschieden, und dasselbe Werk der Visitation bei ihnen folgender Gestalt verrichtet.

Religions Sachen.

Im gehaltenen Examine sind zwar der Pfarrherr, Caplan und Schulgesellen der reinen Lehre des h. Evangelii, wie dieselbe in den prophetischen und apostolischen Schriften den dreien

Symbolis Apostolorum, Nicänischen und Athanasii, in der Augsburgischen Confession, so Anno 1530 Carolo Quinto zu Augsburg übergeben, der darauf erfolgten Apologie, Schmalkaldischen Artikeln, Catechismus Lutheri, und formula Concordiae gegründet, auch bis dahero in diesen Landen rein und unverfälscht getrieben und gehandhabt worden, ohne einigen Papistischen, Antinomistischen, Calvinischen oder andern Irrthum verwandt und zugethan, befunden worden; aber sonst in articulis fidei und Controversiis Religionis nicht nach Nothdurft respondiren können. Derowegen ihnen hiermit auferlegt und befohlen sein soll, ihrem Studiren hinfüro fleißiger, als geschehen, obzuliegen, und neben E. Ehrbaren Rathe mit allem Fleiße dahin zu sehen, daß vorgedachte reine Religion bleiben, und aller widerwärtige Irrthum verhütet werden möchte. Und weil der Pfarrherr und Caplan, wie auch andere Dorf-pastores unterm Amte Storkow gelegen, jedesmal dieses Orts zu Beskow visitirt werden, unsers gnädigsten Fürsten und Herrn, Markgrafen Johann Sigismund Wille und Meinung auch ist, daß jetzt gedachte Pastores dieser Inspection immediate unterworfen sein sollen, und auf Erfordern des Beskowschen Pfarrherrn sich ad conventus und Wochenpredigten unsäumlich und bei Verlust ihres Dienstes gestellen, sich auch sonst in ihrem Amte fleißig, fromm und stille verhalten, gemeiner Bürgerschaft nicht ärgerlich sein und also zum ernstern Ansehn keine Ursach geben.

Geistliche Einkommen und der Kirchen und Schuldiener Besoldung. Hierbei ist vor allen Dingen in Acht zu nehmen, daß das jus Patronatus der Herrschaft zuständig, darum so E. Ehrbarer Rath auf Abgang ihres Pfarrherrn um Vocirung eines Andern gebührlich ansuchen und ohne Vorwissen keinen annehmen oder introduciren lassen. Anlangend aber das Kirchen-Einkommen ist aus beigeheftetem Verzeichniß zu ersehen, wie hoch sich das Einkommen der Kirche anjetzo erstrecket. Daraus denn soviel erscheinet, daß es sich sieder (seit) der nächsten (letzten) Visitation auf ein ziemliches gebessert, dazu denn nicht wenig geholfen, daß von dem verstorbenen und jetzigem Herrn Hauptmann jährlich richtige Rechnungen genommen werden. Es sind aber bei den Bürgern einige Retardaten ausständig; derowegen wöllen die Vorsteher hiermit angemahnet sein, dieselben förderlichst einzumahnen, in eine Summa zu schlagen, und an einen gewissen Ort der Kirchen zu Gute, auf Zinse anzuthun. Soviel aber der Kirch und Schulbedienten Besoldung betreffen thut, ist aus den angehefteten Verzeichnissen gleichfalls zu befinden, was eines jeden Besoldung sei. Und zwar nicht unbillig, daß wegen jetzigen geschwinden Zeiten, ihnen etwas an Gelde zugelegt werden wäre: so hat es doch das Einkommen der Kirche für diesmal nicht ertragen wollen; derowegen sich bis zu besserer Gelegenheit zu gedulden. Es wird aber E. Ehrbarer Rath sie in andre Wege gebührlichen in Acht zu nehmen wissen. Uhrkundlichen haben die Herrn Visitatores diesen Abschied mit eignen Händen unterschrieben und ihren angebornen und gewöhnlichen Petschaften besiegelt. Actum Beßko 9. October Anno 1602.

(L. S.)   (L. S.)   (L. S.)   (L. S.)
Abraham Kracht   Christophorus   Johann Köppen   Eckhard Heyden.
V. H.   Pelargus   junior
          Dr.

Man muß sich über die gründliche, in's Einzelne gehende Visitation verwundern. Nach dem Visitationsabschiede zu Fürstenwalde v. J. 1600 werden 1. die Geistlichen auf das Concordienbuch streng verpflichtet, Papismus und Calvinismus expresse verworfen, worauf der Inspector in der Stadt und auf dem Lande zu halten hat. 2. Das Klingeln inter consecrationem coenae wird ganz abgeschafft, ebenso 3. der Beichtpfennig. Der Inspector bekömmt dafür Zeit seines Lebens 100 Gulden Gehalt; der Caplan einen Zusatz von 8 Gulden. 4. Inspector und Caplan bekommen ihre Brauen nach wie vor, dürfen aber kein Bier ausschenken. [116]

Aus dem „Im Jahr 1600" giebt es nun auch wieder eine Matrikel von Münchehofe. Sie lautet: „Im Storkoschen.

Münchehofe. Collator George und Ernst Gebrüder von Lange, Pfarrherr Andreas Krüger. hat ein Pfarrhaus und weil möglich wäre, daß die Schwellen gar verfaulen, so werden die Patronen und leuthe dahin wachen, daß dieselben rectificirt werden. Ist ein baumgarten an der Pfarre. Ein kleiner Weinberg. Item ein Kolgarten und wiesenwachs zu acht fud. Heu vor Schloßgerten (?) hat weiter Einkommen vier Hufen, beackern die selbst". Schade (Schado) jetzo ist eine Kirche daselbst vorhanden (? oder erbaut), hat aber kein Einkommen. Collator unser gnädigster Herr (Kurfürst). —
„Die Kirche (zu Münchehofe) hat ein Stück Landes zu zwei Scheffeln saath, giebt jetzo 12 gr. weil mans aber höher genießen kann, werden die leute sich erbieten den Acker dem Gotteshaus zum bessern zu bestellen, so ernach die Herren Patronen solches geschehen lassen. hat sonst kein einkommen mehr als von den opfern von den 7 Dörfern".

Das Stück Kirchenland wurde später von dem Rittergute zu Münchehofe in Bestellung genommen und dafür einige Jahre zu Anfang des vor. Jahrhd. 1 Thlr. gezahlt, jetzt ist der Ertrag von 15 Sgr. in den Etat der Kirchenrechnung aufgenommen. Das Dominium bestellte 20 Hufen, von welchen 4 der Pfarre gehörten. (116a.) „Inventarium: hat einen messingnen und einen kupfernen vergoldeten Kelch, eine rothe damastne Kasel (Meßgewand), eine schwarze sammtne alte Kasel, eine alte schamlottne Kasel, 2 messingne Leuchter. Ein alt Missal (vielleicht das Lebusische), Formula Concordiä, Kirch und Visitations-Ordnung (v. 1572 und 1573)". (117) Außerdem wird noch ein Küsterhaus erwähnt.

Es war an einem heißen Sommertage 18. Juli 1608, als Kurfürst Joachim Friedrich todesmatt von Storkow nach Berlin zog. Er hatte in dem Schlosse übernachtet, wo 48 Jahre vorher, auch im Juli, Bischof Johannes entschlafen war. Früh erhielt er noch einen Brief, in dem sich ein Berliner Bürger beschwerte, daß man seinen Schwager zu Fürstenwalde erschlagen habe. Der fromme Kurfürst schlug darüber die Hände zusammen, sah gen

Himmel und sprach: „Ach, lieber Gott, wie wird das Todtschlagen und die Hurerei so allgemein. Gott muß das Land strafen." In seinem langsam dahin schleichenden Wagen mit dem Grafen Schlick und dem Leibarzt erreichte er indeß auf den sandigen, wurzligen Waldwegen über Wendisch-Wusterhausen Berlin nicht mehr. Mitten im grünen Föhrenwalde, in der Nähe von Köpenick, wo Joachim II. so plötzlich gestorben war, beim Dörflein Grünau, dort, wo jetzt der auf der Eisenbahn Reisende im Fluge die Stelle des Denkmals erblicken kann, hauchte er seine Seele aus. Was war's, was bei den Worten: „Gott muß das Land strafen!" durch seine Seele zog, war es eine Ahnung, eine Weissagung? Gedachte der Kurfürst der kirchlichen Wirren, die nach ihm durch die Veränderung des Bekenntnisses seines Sohnes kommen oder des unsäglichen Elendes, das die Mark im 30jährigen Kriege erleiden sollte? Oder wollte er es beklagen, daß die evangelische Lehre nicht bessere Früchte erzielte, wie auch Dr. Luther in späteren Jahren offen bekannte, daß man unter dem Papstthum frommer gewesen wäre, als zu den Zeiten, da das Evangelium wieder verkündet würde? „Die Welt wird aus dieser Lehre (des Ev.) je länger je ärger denn zuvor unter dem Papstthum... Jetzt sind die Leute mit 7 Teufeln besessen, da sie vorher mit einem Teufel besessen waren. Der Teufel fährt jetzt mit Haufen unter die Leut, daß sie nun unter dem hellen Licht des Evangelii sind geiziger, listiger, vortheilhafter — als unter dem Papstthum." [118] Joachim Friedrich war der dritte und letzte lutherische Kurfürst. So lange sie regierten, hatte das Land Frieden.

Schon im Jahre 1606 hatte er seinem Sohne Johann Sigismund die Herrschaft Beeskow-Storkow zu seiner Haushaltung gegeben. Derselbe verlieh dem damaligen vom Magistrat vocirten ersten Pfarrer, Christoph Treuer zu Beeskow den Superintendenten-Titel, verordnete einige Assessoren und stiftete dadurch für geistliche Rechtssachen ein Consistorium. Als er nun seinem Vater in der Kurwürde gefolgt war, trat er am ersten Weihnachtstage öffentlich zum reformirten Bekenntniß über.

Einige Glieder des kurfürstl. Hauses, die Markgrafen Ernst und Johann Georg hatten schon vor ihm diesen Schritt gethan. Seine Gemahlin Anna, älteste Tochter des Herzogs Albrecht Friedrich von Preußen, blieb jedoch dem lutherischen Bekenntniß treu. Es waren bei ihm wohl auch persönliche Ueberzeugungen, welche den Kurfürsten, des leidigen Gezänks zwischen Kalvinisten, Philippisten und Lutheranern überdrüssig, zu diesem Schritte veranlassen mochten. Gegen den Mitverfasser der Concordienformel, Andreä, schrieb er in der Resolution v. 28 März 1614: — „bewußt und bekannt ist, wie der ehrgeizige Pfaffe Jakobus Andreä einen Primatum und lutherisches Papstthumb über die Kirchen und Gemeinde Gottes hierdurch einzuführen, nicht aber die Ehre Gottes zu befördern einzig und allein gesucht — wie derojelben (der Concordienformel) Stifter, Autorn und Anhänger sich unter diesen lieben Bulen, die Formulam Concordiae, die gute feiste Präbenden, die Menge der vergüldeten Trinkgeschirre, sammeter Pantoffeln und Ehre und Reichthum der Welt geben können, da indeß Christus sagt: Vos autem non sic! (Ihr aber nicht also!) als die rechten fratres Cadmaei gestritten, gefochten und gezankt haben, auch noch anheute zanken." Und in der Resolution vom 24. Febr. 1614 heißt es: „Daß ihr das Wort Gottes lauter und rein, ohn alle Verfälschung und ohne etzlichen müssigen, vorwitzigen und hoffärtigen Theologen, die hierdurch den primatum in der Kirchen und den brachium saeculare gesucht und affectiret, selbsterdichtete Glossen und neue Lehrformeln vorgetragen" u. s. w. [119] An die Stadt Fürstenwalde, wohin zu der Zeit die Universität von Frankfurt a. O. der Pest wegen verlegt war, sandte der Kurfürst eine besondere Rechtfertigungs- und Vertheidigungsschrift seines Glaubens. — Es waren die Hofprediger Salomo Fink und Füssel, welche dem Kurfürsten, den beiden Markgrafen, dem englischen Gesandten, dem Statthalter Adam Gans Edler zu Putlitz, dem Kanzler Pruckmann, Geheimerath Pistorius, Fabian von Dohna aus Preußen, Friedrich von Brand aus der Mark, einigen Hofbedienten und andern, im Ganzen einigen 50 Personen, das h. Abendmahl nach reform. Ritus in der Domkirche reichten (der lutherische Oberhofprediger Simon Gediccus war entlassen); — der Rath der Residenz folgte jedoch, wie nach der ersten Communionfeier Joachims II. zu Spandau, 74 Jahre zuvor, dem Beispiele Johann Sigismunds nicht nach. — Dieser Uebertritt erregte großes Aufsehn und hatte manche traurigen Folgen für die Kirche der Mark. Zwar hatte der Generalsuperintendent Dr. Pelargus, welcher übrigens selbst zu den Reformirten von Buchholz gezählt ward, [120] von den Landständen dazu gedrängt, am 13. Decbr. 1613 an den Kurfürsten ein Schreiben gerichtet, in welchem er ihn bittet, bei der Communion die Hostie beizubehalten, den Rath anderer Theologen einzuholen und ihm das Recht bestreitet, den ritus in den Kirchen des Landes überall zu verändern. Indeß der Kurfürst kehrte sich nicht daran. Als er aber alle Inspectoren und Geistlichen der Mark nach Berlin beschieden, versammelten sie sich, bevor sie auf's Schloß gingen, in der Bibliothek der St. Nicolaikirche, 30. Septbr. 1614, und unterzeichneten alle einstimmig den von dem ersten Inspector der Mark Canovius aus der Altstadt-Brandenburg vorgeschlagenen Fundamental-Artikel ihres Glaubensbekenntnisses, daß sie bei den Symbolischen Büchern der Lutherischen Kirche fest bleiben wollten. Am 4. Octbr. wiederholten sie ihr Bekenntniß zugleich mit den Landständen. Als aber in der Dom- oder Ober-Pfarrkirche zur h. Dreifaltigkeit, die den Reformirten allein übergeben war, auf Betrieb Füssel's, der ihr das Aussehn einer holländischen Kirche geben wollte, die Bilder und anderer Kirchenschmuck abgethan und der Kurfürstin zur Bewahrung übergeben waren, so rief diese Entleerung des Gotteshauses und Herstellung des reformirten Typus einen solchen Sturm und Aufstand unter der Bürgerschaft hervor, daß der Kurfürst, um die Erbitterung der Bürger nicht noch mehr zu reizen, die Anstifter unbestraft ließ und die Versicherung gab, die Lutherischen nicht zur Annahme des reformirten Bekenntnisses zwingen zu wollen, wie es doch in Anhalt, Hessen-

Cassel und der Pfalz geschehen war. Johann Sigismund behauptete bei der Augsburgischen Confession von 1530, freilich mit den späteren Veränderungen, geblieben zu sein, auch nahm er die Beschlüsse der Dortrechter Synode über die Prädestination nicht an. Er folgte der melanchthonischen vermittelnden Richtung, hinsichtlich des äußern Cult schloß er sich den Holländern an. Es folgen nun in der Mark die langen Streitigkeiten zwischen dem lutherischen Bekenntniß und dem reformirten. In Fürstenwalde war die Abneigung der lutherischen Prediger gegen die Lehre Calvin's und ihr Eifer für die reine Lehre so groß, daß sie folgendes Distichon an die Kanzelthür schreiben ließen: (121)

Calvini qui dogma suo sub pectore condit,
Hanc cathedram vetitam noverit esse sibi.

(Wer die Lehre Calvin's im innersten Busen verbirget,
Der soll wissen, daß ihm steht diese Kanzel nicht zu.)

In Brandenburg wurde sogar nach dem Gottesdienst der Reformirten, wenn die Kirche von den Lutherischen benutzt werden sollte, vorher geräuchert.

In Beeskow trat der Kurfürst Johann Sigismund entschiedener gegen das lutherische Bekenntniß auf. Nach dem Tode des ehrwürdigen lutherischen Superintendenten Christoph Trener (1613) berief er einen neuen in der Person des reformirten M. Samuel Marquardt, „der", wie der Chronist sagt, „in der Religion nicht richtig war". Die lutherischen Diakone, deren es damals noch zwei gab, einen sogenannten deutschen und einen wendischen, werden nicht vergessen haben, ihn nach dem Geiste jener Zeit zu verdächtigen und Spaltungen in der Gemeinde anzurichten. Marquardt schaffte denn auch viele hergebrachte Ceremonien ab, die der Gemeinde durch ihr Alter ehrwürdig und durch den Gebrauch lieb geworden waren, wahrscheinlich fielen wohl auch unter ihm z. Th. die Wochen-Gottesdienste. Als er darauf vom lutherisch gesinnten Rathe zur Rechenschaft gezogen und ihm der von ihm ausgestellte Revers, an dem kirchlichen Cult nichts zu ändern, vorgehalten wurde, erwiderte er kurz, der Kurfürst habe es so verordnet. Sollte bei ihm die bedrängte Gemeinde Schutz finden, während ihr Pfarrherr guter Dinge war und bei einer Jagd des Kurfürsten mit einigen Bürgern eine Comödie: „Von den entführten Herzögen von Sachsen" (Prinzenraub durch Kunz von Kaufungen) aufführte? Unter diesen Umständen wurde das erste Jubelfest der Reformation im Jahr 1617 gewiß mit sehr gemischten Empfindungen gefeiert, und der Chronist erzählt, daß besonders das Lied: „Ein' feste Burg ist unser Gott".. auf vier Chören mit vielen nassen Augen gesungen wurde. Die kirchliche Trennung dauerte auch noch unter den beiden nachfolgenden Superintendenten fort, bis endlich, nachdem der letzte reformirte Inspector Petrus Fabricius gestorben war, Georg Wilhelm 1631 den lutherischen Pastor Gottfried Treuer, einen Sohn des früheren Superintendenten, zum Inspector ernannte und dadurch den kirchlichen Frieden wieder herstellte. (122)

Zu erwähnen ist noch eine Agende aus dieser Zeit, welche sich in vielen märkischen Kirchen verbreitet befindet und sich durch ihre handlichere Form in Quart in Vergleich mit der von Johann Georg edirten in folio empfiehlt. Sie ist vom M. Joachimus Goltz, welcher als Diakonus vom Dr. Musculus an der Klosterkirche angestellt und später Senior des geistl. Ministeriums zu Frankfurt a. O. geworden war, unter der Aufsicht dieses Generalsuperintendenten verfaßt. Die erste Ausgabe im Druck von 1612 war nach der Agende von 1572 umgearbeitet. Diese Ausgabe hat schon keine kurfürstliche Bestätigung erhalten, sie enthält übrigens viele Druckfehler. Die zweite, „an vielen Orten verbessert, die Fehler geändert und auf Begehren gedruckt" Frankfurt a. O. 1697, welche sich auch in der Müncheh ofer Pfarrbibliothek befindet, enthält aus der Agende von 1572 und aus Johann Schrader's Formularbuch einige Collekten und einen Anhang: Frankfurtische Kirchengebete, welche sowohl des Sonntags und in der Wochen vor und nach der Predigt, als auch an denen hohen

Fest-, Buß- und Dank-Tagen, deßgleichen bei der Confirmation der Kinder gebraucht werden. In der Goltzischen Agende ist die Elevation der Hostie und des Kelchs weggelassen. (123) Doch finden sich darin noch das Sanctus und einige Festcollekten in lateinischer Sprache.

Im Jahre 1616 ordnete Johann Sigismund noch an, gewisse Buß- und Bettage im ganzen Lande zu halten wegen der grausamen Verfolgungen der Evangelischen durch die Katholiken, wodurch den deutschen Landen ein verheerender Krieg drohte. 1609 hatte der Kurfürst den drei Brüdern Georg, Andreas und Ernst von Lange ihre Lehnbriefe bestätigt. 1618 den 29. August confirmirte er zu Cöln an der Spree die Ehepakten zwischen Ernst von Lange auf Münchehofe und Elisabeth von Eichstädt. Sie starb während des 30jährigen Krieges. Ihr Leichenstein ist bei der letzten Renovation der Kirche leider zerbrochen. Man fand damals ihre Gebeine in einem Gewölbe an der Ostseite der Kirche, zum Theil noch mit Kleidern erhalten und am Finger einen Ring, aber keine Spur von einem Sarge. Ein andrer Leichenstein, einen Ritter im Kostüm der Zeit des dreißigjährigen Krieges mit breiter Feldbinde darstellend, ist noch erhalten. An den vier Ecken sind Wappen angebracht, oben links die von Langen (herausspringender Greif auf dem Helm, ebenso ein Greif auf der obern Hälfte des Wappenschilds, auf der untern ein Fallgatter) rechts die von Stocken, unten die von Schlieben und die von Bunau. Mit Mühe läßt sich nur noch folgende Umschrift des Steins entziffern. Anno 16.. den September ... auf Münchehofe Erbsasse — — selig im Herrn seines Alters 57 Jahre 1 Woche 3 Tage. — Seele am jüngsten Tage auferwecken. Wahrscheinlich ist dies der Leichenstein von Ernst von Lange. — Der Name des Nachfolgers des Pastors Andreas Krüger läßt sich nicht genau bestimmen. In dem Fenster des jetzigen sogenannten Amtschors befindet sich ein kleines, rundes Glasbild, das v. Langen'sche Wappen darstellend. Es war früher mit einem zweiten, das zerbrochen und leider verloren gegangen ist, in der alten Sakristei auf der Mitternachtsseite der Kirche angebracht. Bei der letzten Renovation derselben ist es aber an den bezeichneten Ort versetzt. Die Legende, noch deutlich erhalten, lautet: Elisabeth Söffey geborne von Langen 1616. Ist sie nun etwa die Gattin eines damaligen Pastors Söffey gewesen, oder hat sie die Sakristei erbaut, und ist deßhalb Name und Wappen dort eingefügt, darüber läßt sich historisch nichts nachweisen.

Es beginnt nun unter George Wilhelm von 1619 bis 1640 die schwerste Zeit für die Mark, die sich nur immer denken läßt. All das Elend des 30jährigen Krieges entlud sich über das arme Land, über das eine dreifache Kriegsgeißel geschwungen ward. Denn es hatte nicht nur von den Kaiserlichen und den Schweden, sondern auch von den eigenen kurfürstlichen Brandenburgischen Truppen, von Freund und Feind unerhörte Grausamkeiten zu leiden. Es scheint dies kaum glaublich, doch nach dem Kirchenbuche von Dechtow bei Fehrbellin, welches von den Schweden nach Upsala geschleppt war und in den 40er Jahren d. Jahrhunderts erst wieder zurückgesandt wurde — wieviel geraubte Schriftstücke aus der Mark mögen sich nicht in Schweden noch finden! — hatte die Brandenburgische Armee dort fast am schlimmsten gehaust. So heißt es darin: „Am Michaelistage 1638 ist die kaiserlich-sächsische und brandenburgische Armee gegen Fehrbellin an den Fährdamm gerückt, wodurch sich die Bewohner des Ländchens meistentheils nach Spandau flüchteten. Unterdessen haben die kurfürstlichen Truppen unter dem Obristlieutenant Guldno in der Nähe von Fehrbellin hin und her gelagert und noch vollends verzehrt und verdorben, was die Kaiserlichen gelassen." (124) Was die Raupen lassen, das fressen die Käfer, und was die Käfer lassen, das frißt das Geschmeiß. Joel 1, 4.

„Uebereinstimmend sind die Urtheile der Geschichtsschreiber, daß diese Periode der Geschichte unsers Vaterlandes die traurigste und trübsalreichste ist. Alle Plagen, die nur die Menschen betreffen können, schienen sich verbunden zu haben, um die brandenburgischen Jahrbücher nicht allein mit schaudervollen Bildern zu erfüllen, sondern auch die allgemeine Ruhe und das wenige

Glück, welches die damaligen Brandenburger auf ihrem Boden genossen, zu zerstören und zu vernichten." (125) Es ist nicht möglich, all die Brutalitäten wiederzugeben, mit welcher die Kaiserlichen die lutherischen Geistlichen als Ketzer und Bewahrer der Kirchenkassen behandelt haben. 1631 wurde der Superintendent Irmissen und Diakonus Michael Kleissen zu Cottbus an der Schaam aufgehängt. Ein Gleiches geschah auch 1627 mit dem Pfarrer Otto Krantz zu Fürstenfelde. Der Pfarrer Paulus Piscator zu Storkow starb, nachdem er von den Soldaten wegen Gelderpressungen grausam zerschlagen war. Bei der Plünderung durch die Hatzfeld'schen Truppen wurden daselbst die Thüren an Küche und Garten, die Krippen und Koben nicht verschont, sondern verbrannt, selbst die Schlösser an Thüren und Schränken des Pfarrhauses zu Storkow abgerissen und mitgenommen. Aus der Kirche aber wurde ein Kelch durch die Hände der Kroaten entwandt. G. Freytag beschreibt in seiner Geschichte des Jahrhunderts des großen Krieges von einer Soldatendirne, die mit einem Meßgewande bekleidet, auf einem Pferde durch das Lager ritt. Man kann daraus schließen, wo die kirchlichen Gewänder zum Theil geblieben sind. Auch die Kirche von Beeskow wurde nebst der Stadt 1631 vom kaiserlichen General Götze, der sie mit 15 Croaten-Regimentern überfiel, ausgeplündert. Aus Furcht vor den in Köpnick liegenden und herumstreifenden Croaten konnte 1632 der Junker Alexander von Otterstädt auf Dahlwitz sein Kind nicht einmal dort taufen lassen, sondern mußte sich deshalb nach Potsdam wenden. (126) Der Fanatismus gegen die Evangelischen war groß. Die Kirchen von Schado, zu Münchehofe gehörig, und zu Görsdorf bei Selchow wurden verwüstet. Beeskow mußte in 4 Jahren 1626—1630 allein über 20,000 Thlr. Contributionsgelder zahlen. Dazu kamen die Verheerungen durch die Pest, von den Aerzten der englische Schweiß genannt. In Beeskow waren 1613 allein 983 Personen gestorben. In den folgenden Jahren, namentlich 1626, 1634, 1643 wiederholen sich die Verheerungen dieser Seuche. Der Rath der Stadt entfloh nach Schneeberg, ein ander Mal nach Neuendorf. Der Diakonus Gebhardt floh wie ein Miethling aus Furcht vor Ansteckung 1643 und entsagte seinem Amt. Nur der Inspector Sebastian Müller hielt treulich bei seiner Heerde aus, wiewohl er selbst an Gicht leidend, sich zur Kirche und in die Häuser, auf die Kanzel und an's Altar tragen lassen mußte. (127) Zu Storkow war der Pastor Joachim Dunker an der Pest gestorben. Da der Weg Tillys, Wallensteins und der Schweden von Frankfurt a. O. über Fürstenwalde, Storkow, Köpenick und Berlin ging, so hatte diese Gegend viel zu erdulden. Dazu kam die Theuerung, indem 1621 der Wispel Weizen mit 70 Thalern, Roggen mit 48 Thalern zu Fürstenwalde bezahlt wurden. Ganze Geschlechter, deren Namen z. Th. wendischen Ursprungs sind, waren aus den Dörfern um Storkow ausgestorben: Die Kruschnick, Culpar, Scar, Wobran, Balzenick, Windock, Barthemick, Toppo u. s. w. Von dem Einkommen der Pfarrer zu Storkow, welches 1579 11 Wspl. 9½ Schff. betrug, kamen 1720 nur noch 7 Wspl. 17 Scheffel ein. Die Tradition geht soweit verloren, daß die Pastoren kaum wissen, woher die Verringerung ihrer Einkünfte gekommen ist, auch nicht im Stande sind, die ihnen zustehenden der Pfarre zu erhalten. Ueber die Verweigerung der Abgaben findet sich bei Rönisch die Notiz S. 33: 1629 giebt Britzke für eine jährliche Fahrt nach Pryroß noch 6 Ggr.; aber läßt sagen, er werde es sein Lebtage nicht mehr geben. Quod est factum. Sintemal sie (?) die Zeit nicht wieder erlebt, weil sie an der Pest gestorben; „darum fürchtet euch nicht, Gott läßt sich nicht spotten!" Uebrigens waren durch die Gräuel des Krieges nicht nur viele Einwohner in den ganz oder halb zerstörten Dörfern oder durch die Pest hinweggerafft, sondern auch viele Geistliche. Von allen Landpredigern, die zwischen Perleberg, Kyritz, Pritzwalk, Havelberg, Werben auf 4 Meilen Länge und Breite wohnten, war nur einer, der sich zu Plattenburg aufhielt, übergeblieben. Derselbe besorgte für alle Gemeinden die Taufen, die sich jährlich doch nur auf 4—5 beliefen. (128)

Viele Pastoren mit ihren Frauen, Küster aus Böhmen und Schlesien vertrieben, irrten bettelnd in der ausgeplünderten Mark umher oder suchten einen Unterhalt. Von dem Probst aus Berlin war ihnen ein Empfehlungsschreiben gegeben, in Folge dessen ihnen aus den Kirchenkassen eine Unterstützung gereicht wurde. Die Kirchenrechnungen zu Selchow haben solche Gaben verzeichnet. (129)

Mit welcher Freude ist daher nach all dem unsäglichen Jammer und Elend am 9. November 1650 nach Abschluß des Westphälischen Friedens das allgemeine Friedensfest in der Kurmark, welche so hart gezüchtigt war, als ein rechtes Freudenfest gefeiert worden! Die schwere Zeit der Drangsal drückt sich noch in der Inschrift an der großen Glocke der Kirche zu Storkow aus. Sie wurde 1655 umgegossen und sollte Buße und Frieden mit ehernem Munde dem Lande verkündigen. Am unteren Rande stehen nämlich die Worte: „In diesem Jahre ist ein besonderbarer Buß- und Bettag gehalten worden den 30. August in Seiner Kurfürstlichen Durchlauchtigkeit Landen, da der 20. Psalm erklärt worden. Gott gebe uns Frieden. Amen." (130) In der Mitte der Glocke steht: „Jacob Neivert ward ich genannt, So mich durch seine tapfre Hand, Zu Cölln an der Spree gelegen, Gegossen hat durch Gottes Segen. Der Kirche zu Storkow hör ich zu, Im Thurm daselbsten häng ich nu, durch mein Geläute ruf ich die Leute, daß sie doch hören, wie Gott zu ehren."

Trotz der schweren nun überstandenen Drangsal war doch auch in der Herrschaft Beeskow-Storkow wie im ganzen Lande, in Folge des langjährigen Krieges mit seinen Nachwehen, Seuchen und Theuerung, durch den langen Stillstand eines geordneten Berufslebens, durch herumschweifende, bettelnde oder raubende Vagabonten oder entlassene Soldaten ein rohes, leichtsinniges und zügelloses Leben eingerissen. Namentlich wurde durch Hochzeits-, Kindtaufs- und Leichenschmausereien und durch andere Zechgelage viel mehr verpraßt, als jahrelange Einkünfte eintrugen, während die Gaben an Rathhaus und Kirche nicht abgeführt wurden und theilweis verloren gingen. Die Kirche zu Storkow besaß 3 Braupfannen als Eigenthum, die sie den Bürgern, die brauen wollten, zur Benutzung auslieh. Dafür zahlte man 1½ Slgr. = 1 märk. Groschen. Wenn nun dafür im Jahr 1602 allein 13 Rthlr. 12 Gggr. der Kirche zu Gute kamen, so läßt sich annehmen, daß der Consum an Bier nicht mag gering gewesen sein. Der große Kurfürst Friedrich Wilhelm erließ daher am 16. September 1664 ein Edikt, wonach am ersten Mittwoch jeden Monats ein allgemeiner Buß-, Fast- und Bettag ("wegen Gefahr vor dem Türken") alle Mittwoche aber ½1 Uhr eine Betstunde sollte gehalten werden. — Von Uebertritten zur römischen Kirche hat man um diese Zeit nichts in diesem Theil der Mark gehört. Vielmehr erhielt im Jahr 1655 das Archidiakonat zu Fürstenwalde Theodor Rummerskirch, welcher früher katholisch gewesen war. Einige Mönche verbreiteten das Gerücht, er sei zum Papstthum zurückgekehrt, und er schrieb zu ihrer Widerlegung: "Maulschelle den lästerlichen Mönchen zu Westphalen, ob er (Th. Rummerskirch) sich wieder zu den Katholischen gewendet. Berlin 1655." Er starb 1670 und ist vor dem Hochaltare der Kirche zu Fürstenwalde beerdigt. (131) Den Einflüssen des 30jährigen Krieges ist es zuzuschreiben, daß, nachdem die Einwohner des Dorfes Trebus in der Nähe von Fürstenwalde nebst dem Prediger 1639 vertrieben waren, während 47 Jahren der Gottesdienst theils gar nicht, theils durch den Pfarrer zu Beerfelde besorgt wurde. (132) Die Herrschaft Beeskow-Storkow hatte um 1346 27 Parochien, jetzt sind davon noch 16 vorhanden, und ein großer Theil derselben ist wohl mit durch die Stürme des 30jährigen Krieges eingegangen. A. S. 41, 42.

Bei dem Martyrium, welches die Geistlichen der Mark gelitten, ist die Bemerkung aus dem Kirchenbuche zu Groß-Kienitz vom Jahr 1622 um so auffälliger: "Den 26 Aprilis ist Herr Lorenz Tagk, Pfarrherr allhier, und von Dahlewitz (— ist 3¾ Jahr Pfarrer gewesen; aber kaum ¾ Jahr die Pfarre bestellt) nebst seiner ehelichen Hausfrau vielfältigen ihrer Verbrechung halber, beide allhier zu Groß-Kienitz enthauptet worden."

Münchehofe unter der Superintendentur Storkow bis 1736.

Der Superintendent Gottfried Treuer S. 81 hatte die Superintendentur Beeskow-Storkow 35 Jahre von 1631—66 mit der größten Treue und Unermüdlichkeit verwaltet. Er war zuletzt von heftigen Gichtschmerzen geplagt. Aber seine zunehmende Schwäche war wohl nicht allein der Grund, die Ephorie zu theilen, wie sie auch in katholischen Zeiten unter zwei Pröpsten stand, vielmehr die weithin sich erstreckende Ausdehnung der Diözese mag besonders Veranlassung gewesen sein, Storkow wieder zum Sitze einer besonderen Superintendentur zu erwählen. Als Inspektor daselbst wird Martin Sprewitz in dem Kirchenbuch von Friedersdorf um 1649 genannt. Das Verzeichniß der Pastoren bei Rönisch enthält unter Nr. 8 die kurze Bemerkung: Adam Ebertus Frankof. abgesetzt worden wegen der Edikte und nach Lieberose gekommen. (Marchic.)" Die Superintendentur-Acten von Storkow, welche erst etwa mit Anfang des vorigen Jahrhunderts beginnen, enthalten darüber nichts Näheres, wohl aber die Akten des geheimen Staats-Archivs zu Berlin. Bekannt sind die Edicte des großen Kurfürsten, um Frieden und Vertrag zwischen Lutheranern und Reformirten herzustellen aus der Geschichte Paul Gerhards, aber nicht die Namen derer, welche noch mit ihm in die Fremde haben ziehen müssen. So ward der Garnisonprediger David Hanischius in Berlin vom Amt removirt, weil er sich geweigert, den Priesterrevers zu unterschreiben, indem er sich damit entschuldigte, er sei in's Halberstädtische vocirt, wo man ja lutherisch wäre. Auch der M. Lentz zu Stendal wurde wegen seiner Opposition gegen das Edikt des Kurfürsten zur Verantwortung gezogen. Mehrere Stellen einer

Predigt, die er hatte an den Kurfürsten einsenden müssen und die starke Ausfälle gegen die Reformirten enthielten, sind mit Rothstift angezeichnet. Als auch die Brandenburger Pfarrer der Neustädter Inspection durch M. Valentin Fromme aufgefordert wurden, die Edikte zu unterzeichnen, erklären sie, daß sie den Elenchus in milder Weise behandeln würden, und bitten sie bei den symbolischen Büchern belassen zu wollen. Sie erhalten auch Bescheid, daß Niemand sollte gezwungen sein consensum fundamentalem beider Kirchen zu constatiren um 1667. Adam Ebert aus Frankfurt a. O. war am 10. September 1664 vor dem Berliner Consistorium erschienen, um in seine Inspection eingeführt zu werden. Bei dieser Gelegenheit hatte er den gewöhnlichen Inspectoren-Revers nicht unterschreiben wollen, sondern um Aufschub gebeten. Dies hatte sich in die Länge gezogen. Er schreibt, wahrscheinlich an die Unterschrift der Edikte gemahnt, an den Vice-Kanzler und Präsident des Consistoriums in einem Briefe ohne Datum, daß er dem Befehl desselben stets gehorsam gelebt und sich noch bis zur Stunde in Storkow aufhalte. „Gleichwie aber der Daniel in der Löwengrube, Joseph im Gefängniß, Sadrach, Mesach und Abed-Nego ihr Vertrauen auf Gott gesetzt und Gott den Fürsten das Herz gewendet, daß sie diesen Männern Gnade erzeiget, also lebe ich der tröstlichen Hoffnung, Ew. Excellenz werden endlich meinem petito deferiren und in bewußter Gewissenssache spatium tempusque deliberandi concediren und mich auf eine gewisse Zeit dimittiren. Ich werde meines Theils nicht aufhören, für Ew. Excellenz zu beten, als der ich Ew. Excellenz dem lieben Gott in seinen Schutz und Schirm befehle.

gebets und dienstwilliger
M. Adam Ebertus. Pastor
und Inspector zu Storkow.

Unter dem Briefe steht die Verfügung, wohl von der Hand des Consistorial-Präsidenten: „Verhör mit dem Pensionario Grosse wird ihm nochmals zum Ueberfluß verstattet werden.

Was aber von Anzüglichkeiten enthalten, soll von dem Fiscal bei künftigem Verhör beobachtet werden".

Am 24. October 1665 schrieb das gesammte Consistorium, der Oberpräsident und die Consistorialräthe mit Namensunterschrift an den Kurfürsten, wie sie sich wegen des Adam Ebert zu verhalten hätten, welcher tergiversire den gewöhnlichen Inspectoren-Revers zu unterschreiben und um dilation (Aufschub) gebeten hätte. Der Kurfürst rescribirt 7./17. November 1665: Im Fall M. Ebert Inspector zu Storkow den Revers nach abermaliger Vermahnung nicht unterschreiben will, soll er vom Amt gänzlich removirt und ein anderer an dessen Stelle berufen werden. Durch die Vermahnung scheint er nicht andern Sinnes geworden zu sein, denn am 14. Decbr. 1665 wurde er von seinem Amte entsetzt. Die benachbarten Prediger mußten ihn vertreten. An seine Stelle kam Gottfried Lange, Prediger zu Groß-Beeren und Diedersdorf, welcher die Edikte unterschrieben und wieder vor dem Consistorium zu unterschreiben sich bereit erklärt hatte. Er wurde an Adam Ebert's Stelle als Inspector nach Storkow vocirt. (133) Jener ging wie P. Gerhard nach der Lausitz.

Als 1666 zu Fürstenwalde M. Christ. David Blume zum Pfarrer und Inspector gewählt wurde, machte er im folgenden Jahre dem Magistrat die Proposition:

1) Die lateinischen Lieder sollten abgeschafft und statt derselben nur deutsche gesungen werden.
2) Die Beichte Sonntags eingestellt und Sonnabends gehalten werden.
3) Die ganze Gemeinde sollte abwarten, bis die Communion geendet sei, und nicht jeder seines Gefallens herauslaufen, sonst würde er die Kirchthüren schließen lassen.

Diese Punkte wurden vom Magistrat einem Ausschuß von 4 Gewerken überwiesen zur nähern Erklärung darüber, indeß von diesen abgelehnt, weil man es bei den uralten ritibus ecclesiasticis verbleiben lassen wolle. 1665 entschied aber das Kurfürstl. Consistorium, daß das Fest Mariä Verkündigung (vom Volk grüne Marien genannt) auf den nächsten Palmsonntag könnte verlegt werden. (134) Ein Edikt vom 22. Febr. 1676 betraf die Sonntagsheiligung. Danach sollte der Sonntag mit allem Ernst geheiligt werden. Es soll an demselben keine Hochzeit gefeiert, keine Krambude, kein Bierhaus geöffnet werden. Nur nach Beendigung aller Predigten darf man Lustreisen thun oder spazieren gehen, worauf die Officiere in den Thoren achten sollten. Ein Nagelschmied in Beeskow, der 6 Jahre lang nicht zum h. Abendmahle gegangen war und deßhalb vom Inspector Treuer aus der christlichen Gemeinde ausgestoßen werden sollte, wurde 1666 vor den Magistrat gefordert und ihm die Theilnahme am h. Abendmahle, sowie die vorhergehende Meldung beim Inspector zur Pflicht gemacht. In den Statuten der Tuchmachergesellen daselbst, welche in der Kirche sich für 4 Thlr. ein für alle Mal und für 3 Pfund Wachs jährlich ein Chor gekauft, befand sich die Bestimmung, daß, wenn ein Geselle ohne Entschuldigung die Kirche versäumt, er 6 Pfennige zur Krankenbüchse bezahlen muß. (135)

Den Namen des Pastors zu Münchehofe um 1679 erfahren wir aus einem Schreiben der Frau Anna Margarethe von Lange, geborenen. von Zobeltitz. Sie war die Wittwe des Ernst von Lange auf Münchehofe und Birkholz und bittet den Kurfürsten zur Unterstützung des altersschwachen Pfarrers Andreas Liscovius von Münchehofe und Schado, seinen Sohn Johannes Liscovius als Mitprediger substituiren zu dürfen. Nachdem sie wegen Schado, welches kurfürstlichen Patronats war, Auskunft gegeben, daß das Patronatsrecht seit 1579 von den von Langen ausgeübt wäre, und Schado, als filia, welches eine in den Kriegszeiten verwüstete Kirche hätte, nachher zur Kirche von Münchehofe sich gehalten, daß aber der Pfarrer dort noch jährlich an den hohen Festtagen in einem Bauernhause eine Predigt hielte, wird die Genehmigung ertheilt unter der Bedingung, daß Johannes Liscovius ein Zeugniß seiner Prüfung beibringt. Er trat auch die Adjunctur an; doch folgte er seinem Vater, welcher 1691 starb, nicht im Amte. Zu der Zeit von 1679 befanden sich die verschiedenen Güter der Parochie nicht mehr in den Händen der von Langen. Zwar besaß Hans Ernst von Lange † 28. Oct. 1701, alt 71 Jahre, noch Hermsdorf und Schwerin. Neuendorf und Gr.-Eichholz aber hatte Seifried Wilhelm von Stutterheim (senior) inne, † 23. April 1701, alt 47 Jahre. Der Pastor Claudius setzt im Kirchenbuch die Worte bei dem Vermerk seines Todes hinzu: „mein im Leben sehr lieb und werth gehaltener großer Wohlthäter, dessen Seele Gott ewig ergötze". Groß-Eichholz befand sich vor ihm in den Händen Alexanders von Stutterheim und Leibsch im Besitz des Anthonius von Langen. Unter den Pathen des Kirchenbuchs kommt auch 1702 Caspar Siegmund von Stutterheim auf Neuendorf und Eichholz vor, † 1727. 1689 erhielt Caspar Sigismund von Muschwitz seinen Lehnbrief als Erbherr zu Münchehofe. Er vocirte 1691 den früheren Prediger Johann Ulrich Fabricius zu Buchholz zum Nachfolger des Liscovius. Dieser fing ein neues Kirchenbuch, das älteste, was noch erhalten ist, zu führen an mit der Inschrift: Bono cum Deo! Münchenhoffisches Kirchen-Buch. Anno 1692. Dem Jahre 1693 gab er die Ueberschrift: „Jesu gieb uns neues Leben, Gnad und Heil laß, ob uns schweben." Beim Beginn des Taufverzeichnisses vom folgenden Jahre steht: „Komm, Du liebstes Jesulein, Schenk uns Deinen Gnadenschein." An der Spitze des Jahres 1695 steht: „Omnia cum Deo, nihil sine Deo." (Alles mit Gott, nichts ohne Gott.) Das ist Alles, was wir von ihm wissen, es ist aber auch genug, um ihn daraus zu erkennen. Daß die Poesie unter den Pastoren dieser Gegend nicht ganz nach Paul Gerhard ausgestorben war, davon geben die Verse des P. Anß im benachbarten Wittmannsdorf, welche im Anhang abgedruckt sind, Zeugniß.

Fabricius starb den 4. Januar 1697. Im Jahre vorher war nach dem 1696 ausgestellten Lehnsbriefe der Oberst-Wachtmeister von Wolfersdorf Besitzer von Münchehofe geworden. Er vocirte 1697 den Diaconus Johann George Claudius zu Betschau zum Pfarrer von Münchehofe. Nachdem dies Rittergut nach den im Königlichen Rentamt zu Königs-Wusterhausen aufbewahrten Originalen der Lehnbriefe 1698 in die Hände des Domcapitulars von Magdeburg George Rudolph G.-Rath von Schleinitz und Ulrich Gottfried von Wolfersdorf übergegangen war, kam es 1707 an Friedrich Walther von Cronegk und an den Obrist Heinrich Wilhelm Graf von Görtz. Von letzterem ist uns mehr aufbewahrt. Er vereinigte wieder den größern Gütercomplex der von Langen: Münchehofe, Birkholz, Hermsdorf und Schwerin. Die günstige Lage von Münchehofe zwischen den beiden Schlössern von Wusterhausen und Cossenblatt, wo Friedrich Wilhelm I. sich zu seinen Jagden gern aufzuhalten pflegte, mochte vielleicht zur Wahl dieser Besitzung veranlaßt haben. Uebrigens stand Graf Görtz nicht in preußischen, sondern in schwedischen Diensten und kämpfte an der Spitze eines deutschen Dragoner-Regiments in Polen. Er nahm sich der Erweiterung der Kirche an, welche zur Aufnahme der Zuhörer der Predigt zu klein geworden war, „indem er soweit dieselbe dilatirt, daß solcher Bau zum allerwenigsten Ein Tausend Thaler gekostet, wovon der Oberst von Görtz keine Rechnungen gehalten, sondern den Bau ex liberalitate mit Hinzuziehung des Kirchenvermögens geführet". (130) Außer der Erweiterung der Kirche, d. h. durch eine Verlängerung des ursprünglich aus Feldsteinen erbauten Schiffes, mit gemauerten Steinen nach dem Westende zu wurde zugleich ein neuer Thurm aufgeführt. Das Document, welches sich im Knopf desselben befand, lautete nach der Abschrift zu Ende des v. Jahrh.: „Anno MDCCVII. hat der hochwohlgeborne, gestrenge und hochmannveste Herr Herr Heinrich Wilhelm von Görtz, Herr auf Münchehofe, Hermsdorff, Birkholz und Schwerin, Seiner Königlichen Majestät in Schweden über ein Regiment hochteutsche Dragoner hochbestallter Obrist, angefangen dieses Stück dieser Kirche (derer berufener Prediger war Johann George Claudius) anzubauen und mit diesem Thurm zu zieren. Weil er aber beim Ausgang selbigen Jahres in Polen verstorben und deren vorgenommenen Bau nicht vollführen können, hat dessen hinterlassene Frau Gemahlin, die Wohlgeborene Frau Johanna Augustin von Göritzin, geborne von Kuhlwein, solches bis auf eigene Kosten Gott zu Ehren und den Nachkommen zu Andenken vollenden und den 18. Juli 1709 aufsetzen lassen.

„Der HErr gedenke seiner in Segen. Hilf Deinem Volk Herr Jesu Christ und segne was dein Erbtheil ist, wart und pfleg ihr zu aller Zeit und heb sie hoch in Ewigkeit". (137)

Bei der Erweiterung der Kirche wurde dieselbe auch im Innern renovirt durch Beschaffung neuer Stühle und Chöre. Auch das frühere Altar und die Kanzel mit biblischen Darstellungen der Apostel ect., nicht ohne Kunst in Wasserfarben ausgeführt, welche beide bei der letzten Renovation ganz entfernt sind, werden aus jener Zeit herrühren. Ebenso wurde auch das herrschaftliche Chor, später auch Amtschor genannt, auf der Südseite der Kirche angebaut; unter demselben ist ein Gewölbe befindlich. Ein neuer großer silberner und goldener Kelch mit getriebener Arbeit und bildlichen Darstellungen von Weinblättern, Engelköpfen, den Marterwerkzeugen u. s. w. mit Edelsteinen nebst Patene mit der Jahreszahl 1674 und silberner Oblatenschachtel war der Kirche schon vorher geschenkt, während die Kirche zu Cossenblatt einen Kelch aus Krystall von Friedrich Wilhelm I. besitzt mit der originellen Inschrift: Vivat Cossenblatt! Es gewährte das Kirchlein auf dem Berge weithin sichtbar durch seinen Thurm, mit seiner Sakristei einen freundlichen Anblick. Der Thurm fiel jedoch in der zweiten Hälfte des 18. Jahrhunderts wieder ein und mußte abgetragen werden. In dem Gewölbe findet sich nun die Leiche des Obrist von Görz, im Volksmunde und auch in den Pfarrakten „des alten Grafen Görtz" genannt, einbalsamirt beigesetzt.*)

*) (Es ist diese Mumie Gegenstand mancher Nachfragen gewesen, ob sie nicht etwa die Leiche des zu Stockholm 2. März 1719 ent=

Nachdem Friedrich Walther von Cronegk sein Recht an Münchehofe schon an den Obrist von Görz abgetreten, veräußerte er die zur rechten Hand an die hinterlassene Wittwe Frau Johanne Augustine, geborene von Kuhlwein, gegen eine Entschädigungssumme von 800 Thlrn. Diese trat zum zweiten Male in die Ehe mit dem Grafen Philipp von Arco, welcher in kaiserlichen Diensten stand und 1716 die Güter an den Kammergerichts- und Landrath Hartwig Caspar Ernst von Plathen verkaufte. Unter ihm müssen die Seitenflügel des jetzigen herrschaftlichen Wohnhauses nach einem aufgefundenen Mauerstein mit der Inschrift 1723 gebaut sein. Das stattliche Wohngebäude wird vielleicht schon zu v. Schleinitz Zeiten zu bauen angefangen sein, und das gewölbte Zimmer auf der Westseite als Capelle gedient haben.

Nach dem Druck des dreißigjährigen Krieges hatte sich der Cult des siebenzehnten Jahrhunderts zu Ende desselben mehr und mehr vereinfacht. Es gab zu Anfang des achtzehnten

---

haupteten Premier-Ministers Carl XII., des Grafen von Görz sei, welche in einem Dorfe Norddeutschlands ihre Ruhe gefunden haben soll. Das Kirchenbuch giebt im Todtenregister keine Anhaltspunkte dafür. Es ist darin nicht einmal über die Beisetzung der Leiche des Obrist, wofür sie gehalten wird, etwas aufzufinden. Auch haben die Untersuchungen der Mumie nicht ergeben, daß der Kopf an den Rumpf angenäht sei. Im Uebrigen war die Ausstattung des mit schwarzem Sammt überzogenen, mit silbernen Nägeln und weißem Atlas ausgeschlagenen Sarges splendid. Die Mumie war in einen grünen seidenen Domino gekleidet; aber zur Franzosenzeit und sonst zu allerlei abergläubischen Zwecken gemißbraucht, daher ward das Gewölbe 1865 zugemauert. Auf den Särgen daselbst befanden sich früher 2 Degen, jetzt auf dem Chor über demselben angebracht, der eine mit der Inschrift Vincere aut mori. Soli Deo gloria. Anno 1638, der andere mit dem Namenszug König Friedrich I., dem Zeichen des schwarzen Adlerordens und der Inschrift Vincere aut mori, vim viri peller und suum cuique. Sie scheinen zwei Oberförstern aus Schadow und klein Wasserburg, deren Leichen 1731 und 1756 beigesetzt sind, angehört zu haben.

zu Storkow keine Currendeschüler mehr. Das kirchliche Examen ward nicht mehr in der Kirche gehalten, auch die Vorbereitung Sonnabends vor der Beichte hatte man eingehen lassen. Die Wochenpredigten im Sommer mußten eingehen, weil Niemand dazu kam, auch im Winter war der Besuch nur gering. Gesangbücher scheinen bis dahin in der Gemeinde unbekannt gewesen zu sein. Erst 1721 wird ein Täflein an die Kirchenthüren gehängt, welches die Nummer des Hauptliedes nach dem Porst'schen Gesangbuch angab.

Der Pietismus Speners hatte auch seinen Einfluß auf die Superintendentur Storkow geübt. Er hatte sein Gutes, bei dem Kampf um die reine Lehre und den rechten Gebrauch der Sacramente hinzuweisen auf den lebendigen Glauben des einzelnen Christen und seine Heiligung. August Hermann Franke hielt sich einmal mehrere Tage an dem königlichen Hoflager zu Königs-Wusterhausen auf und predigte vor dem Hofe Friedrich Wilhelms I. Er war die Veranlassung dazu, daß die das arme Wild zu Tode marternden Hetzjagden damals eingestellt wurden.

Im Jahre 1716 wurde nun Münchehofe von dem dem Pietismus zugethanen Inspector Müller aus Storkow visitirt. Sein Visitationsbericht lautet nach dem Original folgendermaßen: [138] „Text 1. Tim. 6, 3. 4. 5. Der Pastor hat noch ziemlich externa bona, auch noch passable studia nach der alten Arth. Er hat den Text nicht in jetzo florirender, lebendiger Erkenntniß behandelt, wozu die Alten nicht angeführt sind. Da nun der Pastor ziemlich alt, so kann man dieses nicht wohl von ihm fordern; doch hat er studia nach alter Art und scheint mit den Wittenbergern in vielen Stücken es zu halten, und zwar ziemlich grob, indem Er vortrug, Ein prediger könne recht heilsam lehren, ob er gleich gottlos, ja was noch mehr, das gottlose Leben schade der heilsamen Lehre in einem Prediger nichts: contra expressa loca II. Timoth. 1, 14. I. Timoth. III. 9. I. Tim. 1, 19. Dergl. flosculi Wittenbergenses sectirici wurden viel inspergiret, als daß er viel rebete von dem rechten Glauben und Religion, da man außer derselben nicht könne selig werden, da er nicht fidem qua creditur, sondern die Glaubenspunkte, Meinungen und fundamenta derer Secten verstund, welches crassa puncta waren. Bei Wiederholung der Predigt konnten die Leute wenig antworten, weil sie auch keine N. Testamente hatten und daher bei Erklärung des Textes nicht nachsehn konnten, deswegen auch von der Erklärung des Textes keine Impression hatten. Der Inspector hat darauf den Text von heilsamer Lehre und ungeistlichem Geschwätz expliciret und N. Testamente recommandiret.

In Katechesi haben die Kinder zwar antworten können; aber die Fragen sind nicht von den heilsamen gewesen, sondern die heilsamste von der Erlösung, Buße, Glauben und Erneuerung sind wenig oder gar nicht tractiret. Der Inspector hat darauf bei den Alten methodum catechisandi gezeiget und mit einem Gebet Alles geschlossen.

Mit den Einkünften und Accedentien des Pastors und Küsters sind die Gemeinden überall zufrieden gewesen, der ich nach beigehender Designation sie nenne.

Joh. Müller, Inspect.

Der Graf von Arco als damaliger Patron war nicht zugegen, daß Er also nicht unterschreiben können; denn er war occupirt es (?) zu verkaufen.

1. Daß der Münchehofschen Kirchen Patronus ist tit. Herr Philipp Graf von Arco, Pastor Johann Georg Claudius, der eine alte baufällige Wohnung hat, 2 kl. Gärten, 3 kleine und eine etwas größere Wiese, 4 Hufen Acker, der über die Hälfte sandigt und leicht ist.

Den Kirchenzehnt bekommt er vom Ganzen 3 Wispel 3 Schffl. Roggen, 1 Wispel 9 Schffl. Hafer (ist gegen die Matrikel von 1600 12 Schffl. Roggen und 18 Schffl. Hafer weniger, auch fehlt der kleine Weinberg.)

Das Inventar der Kirche besteht in einem weißen Chorrock, 2 alten Leuchtern aus Messing, 1 silbern und übergoldeten Kelch, 1 messingnen übergoldeten Kelch, einer kleinen silberne Schachtel zu Oblaten. Wir finden die alten sammetnen Kaseln in Abgang gekommen. Dafür findet sich die Alba in Gebrauch, wie dieselbe auch jetzt noch zu Beeskow getragen wird. Auch die alte Agende von 1572 war nicht mehr vorhanden, sondern an ihrer Stelle das Manuale Ecclesiasticum oder Kirchen-Handbuch nebst einer Vorrede des Herrn Diederici von Staden, Königlichen Schwed. Consistorial-Secretarii. Stade 1710. 8. Es giebt darin keine Formulare für Ordination und Introduction von Predigern und für Einsegnung der Wöchnerinnen, wohl aber Prüfung solcher Personen, „als wenn sie nicht so gar richtig in der Religion wären", darunter Prüfung derer, so wegen des Papismi verdächtig sind. Es werden hier 15 Fragen vorgelegt. Davon lautet die erste: „Ob er glaube und dafür halte, daß die heilige Schrift, auf Gottes Befehl geschrieben, vollkommen, die einzige Regul und Richtschnur des Glaubens und Lebens sei, daß auch die Laien dieselbe wohl lesen mögen? Ja oder Nein. 12. Ob er glaube, daß wir die Gebote Gottes vollkommen können halten? 13. Ob er glaube, daß die Jungfrau Maria ohne Sünde empfangen und geboren sei?" — Im Jahre 1721 v. 6—9 Juni ward in Storkow vom Consistorialrath Porst eine Kirchen-Visitation abgehalten. Die letzte General-Kirchen-Visitation darauf fand in der Superintendentur Storkow 1858, durch den Herrn General-Superintendenten Dr. Hoffmann Statt. Was die frühere Sittenverderbniß der Gemeinden anbetrifft, so berichtet der Inspector Rönisch, Nachfolger von Müller zu Storkow, von 1720—1757: Es gab mehrere Personen, welche sich jahrelang vom h. Abendmahle zurückgezogen, unter diesen befand sich auch der abgesetzte Bürgermeister Herr Schubert, welcher wohl in 18 Jahren nicht zum h. Abendmahl gekommen war, aber auch auf dem Kirchhof am Thor — „es war zwar ein groß Lärm: die Seinigen wollten nicht dran" — ganz stille beerdigt wurde. Ferner: „Den 6. October 1722 ist Elisabeth Ralabeinin, eine Magd aus Selcho, welche im Mai 2 Kinder geboren, beide umgebracht und ins Wasser geworfen hat, hierselbst bei der obern Brücke übers Fließ auf der Waschbank gesäckt und ersäuft worden. Ich und der Herr Diakonus haben sie begleitet, nachdem wir sie, so lange sie gesessen, fleißig zum Tode bereitet haben. Ihr Körper wurde nachher in dem Beeskow'schen Wege auf das Rad gelegt. An ihrer Seligkeit zweifle ich nicht, wiewohl sie mir den Tag vor ihrem Ende privatissime bekannte, ob sie das Abendmahl zuletzt empfangen sollte, daß sie vorher auch schon ein Kind gehabt und bei Seite gebracht hätte, welches ich aber keinem Menschen gesagt. Sie hat darauf ihre Noth ausgestanden und ihre Sünden mit viel tausend Thränen bereut, und ist im Glauben an Jesum Christum willig und gern gestorben." (139)

Als Rönisch von seinem Collegen beim Könige angeklagt war, daß er Sonntags Morgens mit seinen Beichtkindern **Privatbeichte** anstatt der allgemeinen hielte, rechtfertigte er sich in einem ausführlichen Schreiben, daß dies auf Bitten der eingepfarrten Bauern geschehn wäre, welche sonst keine Gelegenheit hätten, persönlich über rechte Buße und Glauben unterrichtet zu werden.

Nach dem Tode des Pastors Claudius † 31. März 1726, im Alter von 68 Jahren wurde vom Landrath von Plathen der Rector Johann Freygang zu Storkow zum Pastor in Münchehofe vocirt. Er stand 17 Jahre der Kirche vor. Zu seiner Zeit kam Münchehofe unter die Superintendentur Königs-Wusterhausen. Von Fabricius ist sonst nichts Näheres bekannt, da die Pfarracten erst mit den 70er Jahren des v. Jhd. beginnen. Freygang starb am 24. März 1743, über 60 Jahre alt. Sein Körper ruht vor dem Altar der Kirche.

Nach dem Tode des Landraths von Plathen (starb zu Stolpe im Februar 1727) kaufte der König Friedrich Wilhelm I. das Dominium Münchehofe von den beiden Vormündern des noch minderjährigen Erben Ernst Friedrich von Plathen für 20,004 Thlr. 23 Sgr. Diese Vormünder waren der Landesdirector der Priegnitz Ludwig Carl von

Plathen und der Capitain Hans Ernst von Burgsdorf, welcher auch 1727 und 1728 die Kirchen-Cassen-Rechnungen unterzeichnete. Dies Kaufgeld sollte zinsbar bis zur Majorennität und bis zum Ankauf eines eigenen Guts für den Minorennen à 5 pct. angelegt, jährlich aber 800 Thlr. für ihn verwandt werden. Nach der Königlichen Ordre Berlin v. 10. Mai 1728.

Das Rittergut Birkholz, als Vorwerk von Münchehofe, befand sich um 1717 im Besitz Heinrich Wilhelms von Langen, welcher auch 1725 Pachtinhaber von Münchehofe gewesen war. Birkholz war nach der Taxe des Kammergerichts auf 20,561 Thlr. abgeschätzt, Inventar und Frucht auf 1896 Thlr. In den Verkauf an den König willigten außer dem Besitzer auch seine Ehefrau Margarethe Gertraud von Oppen.

Hermsdorf, welches um 1703 Moritz Siegmund von Langen gehört hatte, ward von der Besitzerin, Frau General-Lieutenant de Veyne, geborne von Mieg, 1727 für 16,000 Thlr. zu 300 Thlr. jährlicher Rente an den König verkauft. Groß-Eichholz befand sich im Besitz Nicolaus Friedrich von Stutterheims. Seine Mutter Anna Hedwig war eine geborne von Oppen. Der Leichenstein des Vorbesitzers ist noch erhalten. Er ist von Sandstein, oben in der Mitte befindet sich das von Stutterheim'sche Wappen, oben aus dem Helm ein herausspringender Hirsch, im Wappenschilde zwei Mondsicheln in Form eines X. Die Legende mit gothischen Lettern lautet: Allhier ruhet in Gott der weyland Wohlgeborne Herr, Herr Lothar Sigismund von Stutterheim auf Eichholz, ist geboren Anno 1686 den 29. October, ist gestorben 1727 die 2 Februarii. Leichentext Pf. 25. v. 17. 18. „Die Angst meines Herzens ist groß, führe mich aus meinen Nöthen! Siehe an meinen Jammer und Elend und vergieb mir alle meine Sünden", ein schöner Leichentext.

Groß-Eichholz ward für 17,125 Thlr. und Neuendorf, welches 1703 bis um 1708 Heinrich Ernst von Schlieben gehört hatte, während Hans Ernst von Schlieben das Vorwerk Schadow von 1712 an besaß, im Besitz von Seyfried

Wilhelm von Stutterheim (junior) für 37,660 Thlr. nach dem Kaufcontract vom 15. Juni 1729 vom Könige für den Prinzen August Wilhelm angekauft. (140) In demselben Jahre wurde auch Buchholz, welches Otto Wilhelm Schenk von Landsberg besaß, mit Teupitz der Herrschaft Königs-Wusterhausen einverleibt.

Friedrich Wilhelm I. hatte als Kronprinz 1698 das Jagdhaus zu Wendisch-Wusterhausen erhalten, das er in der Folge ausbaute und erweiterte und zu einem Lieblingsaufenthalt bei seinen Jagden in der forstreichen Umgebung und zum Mittelpunkt der Herrschaft machte. Zu dieser Zeit wurde der Name Wendisch-Wusterhausen in Königs-Wusterhausen umgewandelt. (141) Bis 1734 besaß der König die Herrschaft selbst. Dann verlieh er sie seinem Sohne August Wilhelm, welcher längere Zeit in K.-Wusterhausen residirte, wo damals auch die prinzliche Kammer war. Durch diesen Prinzen wurde auch Thurm und Kirche zu Buchholz nach dem großen Brande 1752 wieder aufgebaut. Die Thurmfahne führt noch den prinzlichen Namenszug. Da nun die 12 zur Herrschaft gehörigen Pfarren zu Königs-Wusterhausen, Waltersdorf, Kiekebusch, Machnow, Groß-Kynitz, Schenkendorf, Gräbendorf, Teupitz, Buchholz, Münchehofe, Cossenblatt, Tauche mit den Filialen Miersdorf und Görsdorf zu vier verschiedenen Superintendenturen gehörten, nämlich Cöln Land, Mittenwalde, Storkow, Beeskow, so errichtete der König durch Cabinets-Ordre vom 27. Octbr. 1736 eine besondere Inspection zu K.-Wusterhausen. Er vocirte dazu den früheren Prediger im von Dönhof'schen Regiment Rudolph Rosentreter. Dieser ward in der Vocation vom 29. Octbr. 1736, in welcher er zugleich den Titel eines Hofpredigers erhielt, auf die h. Schriften A. u. N. T., die 4 Hauptsymbola, die Augsburgische Confession und Apologie, den Catechismus Lutheri und daß „er sich alles Schmähens, Lästerns, Verketzerns und Verdammens der Reformirten enthalten sollte" verpflichtet. Er war der Nachfolger vom Pastor Lindenberg, welcher nach

Bernau kam und ward vom Propst Gottfr. Schwanhäuser zu Mittenwalde in sein Amt eingeführt. (142)

Nach dem Tode des Prinzen August Wilhelm 1758 folgte ihm sein Sohn, Prinz von Preußen, welcher als König Friedrich Wilhelm II. den Thron bestieg. Derselbe vereinbarte mit seinen beiden Oheimen, den Prinzen Friedrich Heinrich Ludwig und August Ferdinand, 7. Septbr. 1786, daß er die Verwaltung der Herrschaft fortführen wolle gegen eine Summe von 50,000 Thlr. jährl. Revenuen. Nach dem Tode des Prinzen Heinrich 1802, welcher 1744 von Friedrich II. auch Rheinsberg geschenkt erhalten, fielen die Herrschaften Königs-Wusterhausen und Rheinsberg an den Prinzen August Ferdinand † 1813, den jüngsten Bruder Friedrichs II. und an seinen Sohn Prinz Friedrich Wilhelm Heinrich August von Preußen † 1843, nach dessen Tode Rheinsberg und K.-Wusterhausen an die Krone wieder zurückfielen.

Münchehofe unter der Superintendentur Königs-Wusterhausen von 1736 bis jetzt.

Zur Zeit der Reformation wollten die Herrn von Schenk, welche auf dem befestigten Schloß zu Wendisch-Wusterhausen wohnten, einen eignen lutherischen Prediger haben und nicht in das benachbarte Hoherlehme länger eingepfarrt sein. Sie statteten daher durch Schenkung eines Bauernguts die Pfarrstelle zu Wendisch-Wusterhausen aus und erhoben es zu einem besondern Pfarrsitz. Simon Christoph Bolius von 1709 bis 1719 Pastor zu Wusterhausen schreibt darüber nach Angabe des dortigen Kirchenbuchs: Was die Kirchensachen anbetrifft, so ist Wendisch-Wusterhausen zur Zeit des Papstthums nur eine filia gewesen, dahin die Dörfer Zeesen, Senzig, Neue-Mühle eingepfarrt; Hoherlehme hingegen war die mater, woselbst auch noch ein wüster Pfarr- und Kirchhof ist, davon

Niederlehme mit dem eingepfarrten Zernsdorf das andre Filial gewesen, da sich öfters ein Caplan hat aufgehalten, davon noch des Capellaners Hof vorhanden. Nachdem aber die Güte Gottes die Kurmark Brandenburg mit dem Lichte des Evangelii begnadigt, so haben die Herren von Schenken den Evan. Luther. Prediger bei sich in Wusterhausen verlanget und daher mit Consens des damals regierenden Herrn Kurfürsten noch demselben ein Bauergut zu seiner bessern Subsistence abgetreten und darauf die Prediger-Wohnung gesetzet. Dadurch denn Wusterhausen die Mater, hergegen Hoherlehme die erste filia geworden, welche der Prediger sonntäglich zu besorgen gehabt, da hingegen er auf dem andern Filial als Niederlehme nur alle 14 Tage gepredigt." Die älteste Pfarrmatrikel von K. Wusterhausen ist vom Jahr 1579.

„Wann da endlich den an berührten 3 Orthen gestandenen sehr alten hölzernen Kirchengebäuden täglich der Einfall gedroht, weil sie gar nicht mehr konnten reparirt werden, auch a. d. 1693 das eine durch einen heftigen Wind ganz umbgeworfen worden, so haben S. K. M. Herr Friedrich I. damals allergnädigst resolviret, weil die Dörfer insgesammbt mehr umb Wusterhausen liegen, daselbst ein neues Gotteshaus bauen zu lassen, daß sie als eine Gemeinde künftig sich darin versammeln sollten, des HERRN Wort zu ihrer Seligkeit anzuhören und dem HERRN öffentlich zu dienen.

„Obwohl die Niederlehmer anfänglich sich etwas weigerten," — sie setzten ihre gottesdienstlichen Versammlungen im Schulhause fort, welche erst auf Königlichen Befehl vom Amtshauptmann Prollio aufgehoben wurden, — „so drang der Königliche ernstliche Wille und Befehl durch. Und da bereits Herr von Jehna zu seiner Zeit 300 Thlr. zu solchem Bau baar geschenket, so gaben S. K. M. durch den Oberpräsidenten und Premier-Minister Herrn Eberhard Freiherrn Dankelmann dem damaligen Ambtmann Johann Wilhelm Prollio Ordre, daß er nebst der Kirche einen Thurm aufbauen und von den aus denen 3 untüchtigen Kirchen genommenen 4 Glocken 3 gute

Glocken sollte gießen lassen. Während dem Bau erlaubten Sie, daß von A. D. 1693 die sämbtlichen nun in Eins gezogenen Gemeinen aus allen 6 Dörfern in einem Gemach auf dero Lustschloß zum Gottesdienst zusammenkommen sollten. A. D. 1697 kam der kostbare Kirchenbau erst zu Ende und wurde selbige, weil S. M. damals in Preußen waren, auf dero allergnädigsten Befehl in Gegenwart der Hochverordneten Commissarien, als des Geheimbden Staats-Raths Herrn Grafen von Schwerin und des Vice-Consistorial-Präsidenten Herrn von Flemmings und nunmehr sämmtlicher eingepfarrter Dorfschaften Dom. III. p. Tr. zum öffentlichen evangel. lutherischen Gottesdienst von dem damaligen Prediger Schumacher eingeweiht."

Hierin irrt Bolius in seinen Mittheilungen. Friedrich I. hatte nämlich ausführlichen Bericht über die Einweihung der Kirche gefordert, welcher noch im G. Staatsarchiv in Berlin vorhanden ist. Danach vollzog Propst Gottfried Schwanhäuser den Weihakt am 20sten Juni 1697. Es waren vom Schloß bis zur Kirche Bäume errichtet, durch welche sich der Zug dahin bewegte. Zuerst wurde eine Rede über Ezechiel 48, 35 „Hier ist der HErr" gehalten, dann nach dem Eingangslied Ps. 132 „für den Tisch des HErrn" anstatt der Liturgie gelesen. Dann folgte nach dem Hauptliede die Predigt über Jesaias 56, 7: „Mein Haus ist ein Bethaus". Den Beschluß machte das Te deum laudamus. Daran schloß sich die Communion, welche „mit Unterlassung der Beichte, der Lichter, Creutzes, Casel" gehalten wurde. Die Kirche ist nach reformirtem Typus erbaut, die Kanzel über dem Tisch des Herrn. (143)

„A. d. 1709 ließen itzige K. M. als damaliger Kronprinz die Kirche ausmahlen, verehrten 1706 die heiligen Gefäße beim Gebrauch des Herrn Liebesmahles hierein und wurde auf dero Kosten eine schöne Mauer umb den Gottesacker aufgeführt.

„A. D. 1719 ist Deutsch-Wusterhausen, woselbst sonst ein eigner Prediger war, mit zur Wendisch-Wusterhausischen Pfarre gelegt worden."

So weit die Nachrichten aus dem Kirchenbuch. Die Pfarrländereien wurden gegen eine geringe Entschädigung zu den Aeckern des Königlichen Amts geschlagen. Im Jahre 1812 wurde noch die Pfarrstelle von Schenkendorf gleichfalls eingezogen und der Pfarrstelle von K.-Wusterhausen beigelegt, so daß diese also aus drei Parochien besteht.

Die Kirchenkassenrechnungen zu Münchehofe wurden von den Königlichen Amtleuten abgenommen.

Es war die Zeit, von welcher der Hofprediger Rosentreter in der Pfarrmatrikel vom 6. Octbr. 1747 schreibt: „Vordem haben auch die Schäfer alljährlich zur Osterzeit ein Lamm gebracht. Da aber die Beamten aufgekommen, ist solch accidens wie andere anhero leider! weggefallen." (144) Die kirchlichen Gefäße, welche aus dem 18. Jahrh. herrühren, Tauflanne, Taufbecken, kl. Krankenkelch waren alle aus Zinn ohne Kunst angefertigt. Der Cult ward immer mehr vereinfacht. Das Kirchenbuch zu Germendorf bei Oranienburg enthält darüber folgende Bemerkung: „Anno 1736 wurden durch Königliche Verordnung die Chorröcke, Caseln und Lichter, imgleichen das Absingen der Prediger in allen lutherischen Kirchen abgeschafft. Id pauci dolent, omnes tacent." (Das bedauern Wenige, Alle schweigen.) Friedrich der Große hob die Verordnung 1740 wieder auf. Es waren indessen an Altarbekleidungen um 1777 noch zu Münchehofe vorhanden: ein grün gedrucktes leinenes Altartuch, ein weiß leinen, damastnes Altartuch mit der Jahreszahl 1777, ein roth damasen (?) Altartuch mit Crucifix 1777, ein Geschenk des Pastors Starke, eine leinene Decke auf dem Altar, sehr alt (Corporale), eine wollne Decke auf dem Altar, worauf der Kelch stand, eine roth gedruckte „Serviette" (Velum?), eine gestickte seidne Decke auf dem Kelch (Palla), zwei lange rothe seidne Tücher mit goldnen Faden, „so bei Reichung der Communion sonst üblich gewesen, welche von Motten zerfressen und völlig unbrauchbar sind." Außerdem gab es noch eine roth atlaßne Kanzeldecke mit der Jahreszahl 1777; eine mit Silber und Gold gestickte Tauf-Serviette und eine feine zwillichne desgl.

Es war mithin für das kirchliche Decorum noch besser gesorgt, als in der darauf folgenden Zeit. Zum Studium für den Pastor enthielt die Kirchen-Bibliothek Dr. Joachim Lange's Mosaisches, Apostolisches und Apocalyptisches Licht und Recht, und zum Vorlesen war die Postille von Gedicke Ev. Aufmunterung Berlin 1746 vorhanden.

Auf Freygang folgte Jacob Friedrich Grust. Er war früher Prediger in Tauche, wurde 1743 von der Prinzlichen Kammer vocirt und hielt XVII. p. Tr. desselben Jahres seine Antrittspredigt. Er starb 11. März 1772 und es heißt im Kirchenbuche von ihm: „Er hat der Gemeinde mit Ruhm und Beispiel viele Jahre gedient, ist alt geworden 64 Jahre 4 Tage. Ward begraben mit einer Leichenpredigt, da vorher eine Standrede gehalten worden." Unter dem Pastorat von Grust wurden auch in der Parochie mehrere Colonien verfolgter Glaubensgenossen angelegt. Schon am 19ten August 1732 waren 500 vertriebene Salzburger hier in der Nähe durchgekommen. Friedrich Wilhelm I. hatte ihnen in seinen Staaten hochherzig ein Asyl gewährt, wie der große Kurfürst den 20,000 französischen Emigranten. „Als die Emigranten sich der Stadt Beeskow näherten, zogen ihnen die Geistlichkeit und die Lehrer mit der Schuljugend vor das Thor hinaus entgegen, und man begrüßte sie unter den Klängen des Liedes: „Ein' feste Burg ist unser Gott" als evangelische Glaubensbrüder. Darauf wurden sie, nachdem der Diakonus Schulze eine Rede an sie gehalten, paarweise unter dem Gesange der Lieder: „Ist Gott für mich, so trete gleich Alles wider mich" und „Was Gott thut, das ist wohlgethan" nach dem Marktplatze geführt und dort abermals mit einer Rede durch den Diakonus begrüßt. Die Feier schloß nach Ertheilung des Segens mit dem Liede: „Nun danket Alle Gott." Hierauf wurden sie durch Speise und Trank erquickt, und, nachdem zu ihrer Weiterreise eine Collekte unter den Bürgern veranstaltet war, deren Ertrag sich auf 113 Thlr. 4 ggr.

belief, zogen sie am 20sten August nach vorher abgehaltener Betstunde von Beeskow über Frankfurt a. O. ihren Weg weiter nach der Provinz Preußen." (144) Eine gleiche barmherzige Liebe wurde auch Seitens des Königs Friedrich II. den von ihrem katholischen Landesherrn gedrückten Pfälzern, welche hier eine neue Heimath fanden, zu Theil. Ihre Colonien Neu-Schadow (im Schadowschen Busch), Neu-Lübbenau, Hüttenplatz haben sich später zu einer besondern Gemeinde vereinigt. P. Löbener spricht davon in einer Predigt am 25sten Januar 1835: "Durch Einwanderer, welche aus ihrem Vaterlande liebloser Weise vertrieben waren und in unserm Vaterlande liebevoll aufgenommen wurden, entstanden nach und nach in dem sogenannten Alt-Schadow'schen Busch die neuen Colonistendörfer Neu-Schadow, Hohenbrück und endlich auch Neu-Lübbenau. Auch diese hielten sich anfangs zu der Münchehofer Kirche und wurden an selbige gewiesen, bis endlich in Neu-Schadow eine eigne Kirche wegen der zu großen Entfernung gebaut wurde. Aber auch in derselben verrichtete der Prediger die Amtsgeschäfte bis zum Jahr 1767. Dann erst ward daselbst ein eigner Prediger angestellt." Die kirchlichen Acte wurden bis dahin im Kirchenbuch zu Münchehofe aufgezeichnet. Die erste Taufe dieser neuen Einwandrer im Schadow'schen Busch vom 25sten Februar 1749: "des sel. Johann Daniel Conrad Colonistin von den Pfälzern Ehefrau Söhnlein getauft den 25. Febr., heißt Johann Daniel, Pathen waren: des Kindes Großvater, ein Bauer "zu Schadow, und eine Colonistin von den Pfälzern", giebt manches zu bedenken. Die Mutter des Kindes, Wittwe und Exulantin, hatte um ihres Glaubens willen in Begleitung ihres Schwiegervaters ihre Heimath in rauher Jahreszeit verlassen müssen. Unter des HErrn Segen haben sich die neu angelegten Colonien sichtbar entwickelt und sind wohlhabend geworden. Wenn doch dies die Nachkommen recht erkennen und von Herzen dankbar dafür sein wollten. Der Ort Neu-Lübbenau wird anfänglich Neu-Liebenau geschrieben, für Exulanten in der neuen Heimath gewiß ein passender Name. 1754 den 11ten März ward in Neu-Schadow der Kirchhof eingeweiht. In die 1773 daselbst erbaute Kirche wurden auch (1779) die Arbeiter des Eisenhammers, der Schneidesägerei, Alt-Schadow eingepfarrt.

P. Grust hat das Pfarramt hier 29 Jahre verwaltet. In diese Zeit fiel auch der siebenjährige Krieg. Bei der östreichisch-russischen Invasion wurde von den Feinden das „silberne Oblatenschächtelchen" mitgenommen. Der große Kelch nebst Patene war an die prinzliche Kammer der Sicherheit wegen gesandt und Beides nach dem Hubertsburger Frieden der Kirche wieder zugestellt. Bei diesem Durchzuge müssen auch andere Verwüstungen vorgekommen sein, in der Kirchenkassenrechnung finden sich wenigstens 12 Thlr. 7 Sgr. als „Invasionskosten" aufgeführt.

Auf Grust folgte Otto Samuel Gottfried Wolbmann, früher Diakonus in Buchholz. Er war nur kurze Zeit hier im Amte und starb schon 1. Septb. 1773: „freundlichst verdienter Seelsorger der hiesigen Gemeinde" an der rothen Ruhr im 32sten Jahre seines „ruhmvollen Alters", wie das Kirchenbuch meldet.

Ihm folgte Christian Ludwig Gotthelf Starke, zuerst zum Diakonat nach Buchholz vocirt, wohin er aber wegen des bald erfolgten Todes Wolbmanns, nicht anzog, sondern dafür gleich in die erledigte Pfarrstelle zu Münchehofe eintrat. Er hat 43 Jahre der Gemeinde treulich vorgestanden und lebt in ihrem dankbaren Andenken noch fort. Die Leichen- und Gedächtniß-Predigt auf Friedrich II. hielt er nach dem vorgeschriebenen Text 1 Chr. 18, 8. So spricht der Herr: Ich habe dir einen Namen gemacht, wie die Großen auf Erden Namen haben, am 17. Septb. 1786 bei zahlreicher Versammlung der 7 Gemeinden und vieler andrer Fremden. Das Ceremoniell war wie beim Tode Friedrich Wilhelm I. Es ward auf dem Amte das Lied zu singen angefangen: Jesus meine Zuversicht. Hierauf ward unter dem Geläut der Glocken ein mit einem schwarzen Leichentuche bedeckter Sarg durch das Dorf um die Kirche herum von den beurlaubten Soldaten des Bornstedtschen Regiments getragen und in der Kirche vor dem Altare niedergesetzt. Der Prediger Starke stellte aus dem verordneten Leichentexte vor: Die weisheitsvolle Vorsehung Gottes über die Könige auf Erden. Bei dem Hauptliede: Ich bin ein Gast auf Erden.. ward geläutet, desgleichen nach der Predigt, bei dem Liede: O, wie selig seid ihr doch, ihr Frommen ꝛc. Starke war einer von den Pastoren des alten Glaubens, der, unbekümmert um die Ausbreitung des Rationalismus, auf dem Grunde der h. Schrift und des lutherischen Bekenntnisses stand. Als durch den Erlaß über die Religions-Verfassung in den Preußischen Staaten v. 9. Juli 1788 unter König Friedrich Wilhelm II., durch das sogenannte Wöllnersche Edict dem Unglauben auf den Kanzeln ein Damm entgegengesetzt werden sollte, schrieb er eine Vertheidigung dieser viel angefochtenen Verfügung auf das gedruckte Exemplar seines Pfarrarchivs, von der wir Einiges herausheben.

„Man wirft diesen Verordnungen fälschlich vor, daß darin ein gewaltsamer Gewissenszwang herrsche. Allein in dem II. Paragraph wird dieser Vorwurf nicht nur auf das Deutlichste widerlegt, da es heißt: „daß Niemandem der mindeste Gewissenszwang zu keiner Zeit angethan werden soll", sondern auch daraus erhellt es deutlich, daß nächst den im Römischen Reiche geduldeten drei Haupt-Religionen auch die kleinern unschädlichen Secten ihre Freiheit ungestört behalten sollen, wenn die Anhänger derselben nur ruhige, rechtschaffene Unterthanen sind...

I. Die richtige Aufklärung, welche ich mit allen rechtschaffenen Gottesgelehrten, welche dem Bekenntnisse und Inhalt der heiligen Schrift treu bleiben, lediglich und allein annehme, ist keine andere, als die Jesus und seine Apostel gelehrt haben. Ihre richtigen Anzeichen sind folgende:

1) Sie bleiben bei dem reinen Worte Gottes des A., vornehmlich aber des N. Testaments.

2) Sie verwirft die Lehre der Vernunft ganz und gar

nicht, sie bestimmt aber nur ihre richtigen Grenzen und legt derselben nicht mehr Werth bei, als ihr wirklich gehört.

Sie zeigt aber zugleich aufs Deutlichste, daß die Vernunft nicht hinreichend sei, die Geheimnisse des allerheiligsten christlichen Glaubens einzusehn, sondern daß man hierin allein dem Worte Gottes Glauben beimessen müsse; daß es ein falscher Satz sei, daß man dasjenige verwerfen soll, das man nicht mit eigner Vernunft auffassen könne. Endlich auch lehrt sie, daß man durch die Grundsätze der bloßen Vernunft nicht gerecht und selig werden könne, sondern **allein durch den Glauben an Jesum.**

3) Sie zeigt das sündliche Verderben des Menschen und daher zugleich die Nothwendigkeit einer **Begnadigung, Versöhnung und Wiedervereinigung mit Gott durch Jesum Christum.**
4) Sie predigt nicht bloß **Moral**, sondern legt die **Glaubenswahrheiten** zu Grunde und leitet recht christliche Tugend vom Glauben an Jesum her.
5) Sie unterrichtet die Christen von dem künftigen Zustande, von ewigen Gnadenbelohnungen und Strafen.

Im Gegentheil
II. **Die falsche Aufklärung**
1) weicht ab von dem **Worte Gottes.** Man hört oft Predigten, worin nicht ein einziger **biblischer Spruch** enthalten ist und angeführt wird.
2) Sie legt den Grundsätzen der Vernunft zu viel Werth bei und verwirft die **Geheimnisse des Glaubens.**
3) Sie schmeichelt dem menschlichen Verderben und dem Irrthum des Pelagianismus und giebt vor, daß der Mensch **aus eigner Kraft** gottwohlgefällig wandeln könne.

4) Sie predigt bloße Moral (oft nur eine philosophische) und vernachläſſigt die Glaubenslehren.

5) Sie hält die Verſöhnung durch Chriſtum mit Gott nicht für nothwendig, leugnet die Gottheit des Erlöſers verſteckt und öffentlich und verdreht daher viele deutliche Ausſprüche der heiligen Schrift.

6) Ihre Lehrſätze von zukünftigen Begebenheiten nach dem Tode ſind ſehr ſeicht und nicht ſchriftmäßig . . .

Gott gebe uns allen um Chriſti Willen die Kraft und Gnade Seines heiligen Geiſtes zu unſrer Erleuchtung, rechte Ihm wohlgefällige Aufklärung, Bekehrung und eine **völlige Herzens-Veränderung**."

Der Umfang der Parochie Münchehofe wurde durch die in der Nähe von **Groß-Eichholz** und **Birkholz** von entlaſſenen Soldaten gegründeten **Colonien** von 10 und 8 Familien, in welchen nach der Erbverſchreibung des Kgl. Pr. Prinzl. Amts zu Münchehofe v. 17. Juni 1786 ein Coloniſt zu Gr.-Eichholz z. B. freie Stube, Kammer, Küche, Stall, 2 Morgen Acker von der Niederung, 90 Qu.-R. Garten hinter dem Hauſe, 90 Qu.-R. Feldgarten in der Gurra, 1 Morgen Wieſe in der Luboiz erhielt, noch erweitert. Der Schulhalter Raue, ein ausgedienter Soldat auf der Colonie Groß-Eichholz erhielt durch Königl. Verordnung v. 26. Sept. 1793 aus der Ober-Schulkaſſe ein Gehalt von jährlich 6 Thlrn.

Die Namen der Königlichen Amtleute waren unter der Prinzlichen Kammer zu Königs-Wuſterhauſen zu Münchehofe Michael Schönebeck von 1729—1747, ſein Sohn Friedrich Chriſtoph Schönebeck—1767. Gottgetreu Beamter unterzeichnet die Kirchenkaſſenrechnungen von 1774—1776, Walbow von 1777—86. Oberamtmann Friedrich Karges von 1787—1811.

Letzterer pachtete Münchehofe nach dem Erbcontracte der Kgl. Pr. Domänenkammer zu K.-Wuſterhauſen v. 27. Auguſt 1803 auf 12 Jahre für die Pachtſumme von 3222 Thlr. 15 Sgr. 11½ Pf., 279 Thlr. 10 Sgr. 10 Pf. höher als die frühere. Indeſſen konnte er nach dem Ausbruch des franzöſiſchen Krieges von 1806 nicht seine Verbindlichkeiten erfüllen. Ein höherer französischer Officier lag auch auf dem Amte im Quartier, und die Soldaten nahmen den Bewohnern ihr Vieh aus den Ställen. Als sich der Pastor Starke, um sich seiner bedrängten Gemeinde anzunehmen, eine Fürbitte bei dem Commandeur der Truppe erlaubte, wurde er kurz abgewiesen und mußte sich beeilen, das Haus zu verlassen. König Friedrich Wilhelm III. entschloß sich in der großen Drangsal, in welcher sich das Vaterland befand, die Domänen zu veräußern. Münchehofe ward 1811 an den Amtmann Teltow gegen eine Summe von 5000 Thlr. und einen jährlichen Canon von 900 Thlr. verkauft. Dieser Canon wurde von seinem Nachfolger Schubke 1815 für ca. 18,000 Thlr. abgelöst. Aber auch er wie sein Nachfolger Gottlieb Wilhelm Holze konnten nicht bestehen.

Nach dem Frieden wurde von den 7 Gemeinden der Parochie ein schwarz sammtnes Altartuch mit weißen Franzen, zum Andenken an die Todtenfeier der im Kriege Gebliebenen, zu welchen mehrere Glieder der Gemeinden zählten, 1816 der Kirche verehrt.

Nachdem P. Starke seit 1817 bei den beschwerlichen Amtsgeschäften der ausgedehnten Parochie den Candidat Reinhard, früher Hauslehrer in Oderin, zur Unterstützung annehmen mußte, entschlief er am 30. Januar 1818 im 76. Lebensjahre als treuverdienter Seelsorger.

Das Patronatsrecht war nach dem Verkauf des Ritterguts auf die Königliche Regierung zu Potsdam übergegangen. Von derselben ward nun Johann Gottlob Löbener zum Pastor von Münchehofe berufen.

Er hatte die Fürstenschule zu Meissen besucht, von 1809—1812 in Wittenberg studirt, und schreibt nach 29jähriger Amtsführung: „Mit dem innigsten Danke gegen Gott für das viele Gute, welches Er mir während meiner Amtsführung erwiesen und mit der Bitte, daß Er auch nach meiner Entfernung meine Thätigkeit wolle gesegnet sein lassen, schied ich am Ende des Jahres 1848 von meinem Amte und Münchehofe, um, wenn es Gott gefällt, mein Leben in Lübben zu beschließen, wohin ich mich mit meiner Familie begab." Sein Wunsch ward erfüllt, er starb daselbst am 27. März 1859, 73 Jahre alt.

Als Adjunct trat zuerst Licentiat Friedrich Wilhelm Hermann Wegener ein, am 21. Januar 1849 von König Friedrich Wilhelm IV. vocirt.

Unter P. Löbener ward bei Einführung der Union die neue Pr. Agende eingeführt, welche manche Gegner gefunden hatte. So hatten sich 1825 die Stadtverordneten von Fürstenwalde darüber beim geistlichen Ministerium beschwert. Sie waren aber abgewiesen: „daß denselben eine den heilsamen Absichten Sr. Majestät entgegenstehende Einmischung in diese Angelegenheit durchaus nicht zustehe, sie vielmehr vor den unangenehmen Folgen einer solchen Ueberschreitung ihrer amtlichen Befugnisse ernstlich gewarnt werden müßten". [145] In Beeskow ward die Agende schon 1822 eingeführt, nachdem von der darüber befragten Bürgerschaft sich 204 Stimmen für und 144 Stimmen gegen dieselbe ausgesprochen hatten. [146] In der That war die neue Agende ein Fortschritt zum Bessern für die ganze Provinz. Es fanden sich die verschiedensten im Gebrauch; außer den oben schon erwähnten von Goltz und Stabe gab es z. B. in Buchholz das Kirchenbuch von Dr. Philipp Hanen, Dompredigers zu Magdeburg, 1692 zum fünften Mal gedruckt, im benachbarten Görsdorf war die sächsische Agende im Gebrauch. Dabei fand die größte Willkür der Geistlichen Statt im Halten der Liturgie. Durch die N. Pr. Agende wurde denn auch im Domstift zu Brandenburg der letzte Rest der alten Matutin- und Vesperordnung aufgehoben. [147]

Als P. Löbener aber den Versuch machte, statt des alten Porst'schen Gesangbuchs das neue Berliner einzuführen und darüber predigte, erklärte sich die Gemeinde entschieden dagegen, es sei denn, daß man ihnen 2—3 Exemplare für jedes Haus unentgeltlich schenken wolle. Daher blieb es beim Alten.

Während der Zeit seines Pastorats fand der Bau des jetzigen Pfarrhauses, 1821, die Vererbpachtung von 128 Morgen

Pfarrländereien 1832, die Auspfarrung der Dörfer Leibsch und Alt-Schabow 1835 und endlich die Separation 1848 Statt. P. Löbener leitete Alles mit großem practischen Geschick. „Schon der erste Prediger Bätke zu Neu-Schabow trug darauf an, daß die beiden Dörfer Leibsch und Alt-Schabow ihm beigelegt und mit der dortigen Kirche verbunden würden. Allein im Jahr 1770 erhielt selbiger mehrmals auf Königlichen Special-Befehl den Bescheid, daß dieses nicht geschehn könne noch dürfe." Es betrugen nämlich nach erhöhter Kammertaxe von 18 ggr. für den Scheffel Roggen die Einkünfte des Predigers von Münchehofe jährlich nur 229 Thlr., wozu Alt-Schabow und Leibsch 92 Thlr. abführten, so daß nur 137 Thlr. überbleiben würden, „wovon aber ein Prediger und seine Familie ganz unmöglich subsistiren kann."

„Ebenso ward der Gemeinde Alt-Schabow 1772 dasselbe Gesuch abgeschlagen. Zwar wurde später (1779) der sogenannte Fabriken- oder Hüttenplatz bei Alt-Schabow mit Neu-Schabow verbunden und von Münchehofe getrennt; doch blieben die beiden genannten Dörfer (Alt-Schabow und Leibsch) bei der Kirche zu Münchehofe. Diese trugen seit jener Zeit zu wiederholten Malen darauf an, daß sie der weiten Entfernung wegen von Münchehofe getrennt und mit den Kirchen zu Neu-Schabow und Neu-Lübbenau vereinigt werden möchten, bis endlich die höheren und höchsten Behörden (nach 70 Jahren) sich darauf einließen, ihr Gesuch in nähere Berathung zogen und bewilligten, daß sie nun nicht mehr der Münchehofer Kirche angehören sollten, sondern den zu Neu-Schabow und Neu-Lübbenau. So predigte Löbner in seiner Entlassungspredigt der beiden Dörfer am III. p. Epiph. 1835 über 2. Cor. 13, 11—13. Zuletzt, lieben Brüder, freuet euch, seid vollkommen, tröstet euch, habt einerlei Sinn, seid friedsam ectr.

Das Rittergut Münchehofe nebst Gr.-Eichholz ward 1834 subhastirt und vom Justizrath Johann Friedrich Wilhelm Steinhausen zu Potsdam erworben, von welchem es auf seinen Sohn Hans Heinrich Hermann Steinhausen überging. Hermsdorf und Birkholz befanden sich im Besitz des Rittergutsbesitzers Wilhelm Heinrich Ferdinand Gobbin, nach dessen Tode Hermsdorf 1851 von der Königlichen Hofkammer wieder zurückgekauft ward, während Birkholz an den Besitzer von Münchehofe und Groß-Eichholz überging, 1855 aber an den Rittergutsbesitzer Franz von Nordenskjöld verkauft wurde.

Als König Friedrich Wilhelm IV. die Verwaltung der Herrschaft Königs-Wusterhausen (vergl. S. 96) und damit die Patronatsrechte über Kirchen und Schulen übernahm, erforderte dies eine längere Auseinandersetzung mit der Königlichen Regierung zu Potsdam, von welcher ein Kostenanschlag zu einer nothwendigen größern Reparatur der Kirche, die ihre Ueberschüsse an den kurmärkischen Kirchen-Ämter-Fonds gezahlt hatte, aufgestellt, auch der Bau 1850 schon unternommen war. Im folgenden Jahr wurde die inzwischen liegen gebliebene Arbeit von der Königlichen Hofkammer wieder aufgenommen. König Friedrich Wilhelm IV. zeichnete noch ein Thürmchen auf den ihm vorgelegten Plan und 1852 wurde die Renovation vollendet.

Möge das Kirchlein auf dem Berge sein Licht leuchten lassen und eine Hüterin des lauteren Evangeliums sein: „Dein Wort ist meines Fußes Leuchte und ein Licht auf meinem Wege." Ps. 119, 105.

Anhang.

1. Pastoren zu Storkow.

(Nach der Kirchen- und Pfarr-Matricul renovirt 1720 zu Storkow.)

1) **Johannes Helionorus**, an den der damalige Bischof von Lebus Johannes einen scharfen Brief de Communione sub utraque geschrieben (vid. alte Matric. p. 35) [um 1553 v. S. 64].
2) M. **Matthias Ebenritter** Hilpertus Francus um 1572.
3) **Hieronymus Weber** ⎫ Storkoviensis [unterschreiben
4) **Jeremias Weber** ⎭ 1580 die Concordienformel.]
5) **Joachim Dunker** an der Pest gestorben.
6) **Paulus Piscator** † so von den Soldaten wegen Geld sehr geschlagen [um 1633].

Inspectoren

7) **Martin Sprewitz** Lubena Lusat [um 1649] † allhier. Leichenstein steht an der Sakristei-Thür. Ueber der Kanzel hängt sein Bild. Unter ihm ist die Facies über dem Altar gebaut, ist nur 47 Jahre alt geworden.
8) **Adam Ebertus** Francofurt abgesetzt wegen der Edikte und nach Lieberose gekommen (Marchic) [1665 v. S. 87.]
9) M. **Gottfried Lange** Bescov. Anno 1662 [muß heißen 1666 vergl. S. 87] nach Storkow gekommen, † als Propst in Cöln.
10) **Johannes Melchior Stenger**, Erfurt. Thuring. Anno 1673 hergekommen, nach Wittstock gezog.

11) **Martinus Zimmermann** Rudnizâ — Neo-Marc. 1676 16. Jan. introductus.
12) **Christianus Schultze**, Fürstenwaldensis anno 1694 [früher Pastor in Wendisch-Wusterhausen].
13) M. **Andreas Neseken** Markoldendorphio-Einbecensis, 11 Jahre Pastor zu Bukow, 1705—1714 inspector in Storkow, 1714—1720 insp. in Beeskow, 1721 Director der Ritterakademie zu Brandenburg und insp adj. zu Brandenburg, † 4. Mai 1722 das.
14) **Johann Hermann Müller** Rathmansdorffio-Dessovianus [Rathmannsdorf bei Bernburg] 3 adv. 1714 introductus, † zu Berlin 14. Juli 1719, begraben in der Klosterkirche [vgl. S. 92].
15) **Christoph Rönisch** Zittov-Lusat. 3 Jahre pastor subst. zu Neukirchen in der Altmark, 5 Jahre Pastor zu Schenkendorf bei Wend.-Wusterhausen. 1720 als Pastor und Inspector introd., † 1757 im 76. Jahre. 11 Wochen vor seinem Tode ward sein Haus von Dieben beraubt, welche an Gold, Silber und Geld ihm Alles nahmen und seine Ehefrau mordeten. [Sein Bildniß hängt jetzt nach der letzten Renovation im Altarraume.]
16) **Johannes Rathanael Cupovius** Berolinensis seit 1754 Inspector und pastor adj. introductus, † 27. Mai 1792.
17) **Johann Christoph Langheinrich** Namburgens.-Saxo, geboren 1739; 25½ Jahr Diaconus zu Storkow und Pastor zu Gr.-Schauen, 1793 als Inspector eingeführt, † 1810 d. 12. Febr.
18) **Schadow** Lusat. geb. 1768, Diaconus in Storkow—1819 Oberprediger in Storkow. Der Inspector war Prediger in Markgrafpiesk.
19) **Meyer** bis 1829 Superintendent und Oberprediger zu Storkow.
20) **Carl Friedrich Wilhelm Herzberg**, geboren zu Berlin 1791,

Divisionsprediger I. adv. 1829 als Superintendent von Bisch. Dr. Neander eingeführt.
21) August Hermann Theodor Stumpf, geboren 28. Febr. 1827, früher Divisionsprediger in Glogau, eingeführt 27. Januar 1868.

2. Die evangel.-lutherischen Prediger,

welche vor 1600 in (Königs-) Wusterhausen gestanden, sind nach dem Kirchenbuche, bis 1719 von Simon Christoph Bolius geschrieben, folgende:

1) Herr Heinrich Bote.
2) Bartholomäus Thiel, welcher über 50 Jahre daselbst Prediger gewesen.
3) Friedrich Thiel.
4) Matthias Wulkowius, welcher a. d. 1673 von Kiekebusch vocirt ist.
5) Gottfried Schwahnhäuser ist [1691] von da nach Bernau, dann zur Propstei nach Mittenwalde gezogen.
6) Christian Schulze, so 1695 Inspector zu Storkow geworden.
7) Christoph Schumacher ist von da 1709 nach Berlin auf die Friedrichsstadt zum Prediger berufen.
8) Simon Christoph Bolius. Von 1710 den 15. Februar bis 1719, zum Pastor der Haberbergischen Gemeine in Königsberg i. P. berufen.
9) Hieronymus Lubins. Vom 10. Mai 1719.
10) Johann Friedrich Lindenberg. Anno 1719 den 19. Aug. zum Prediger nach Schenkendorf berufen, nachdem aber S. Majestät eine Mutation beliebt, ist er 1720 den 8. April nach Wusterhausen vocirt. Ist 1736 den 16. Octbr. zum Propst und Inspector nach Bernau vocirt.

Inspectoren
11) Rudolfus Rosentreter [früher Prediger im von Dönhofschen Regiment, 29. October 1736 zum Inspector mit dem Titel eines Hofpredigers vocirt] stirbt 1759.

12) Carl Friedrich Wegener 24. Juli [1. Aug.] 1759 vocirt.
13) Daniel Friedrich Döllen, von Sr. Königlichen Hoheit dem Prinzen von Preußen 1768 an die Stelle des wegen seiner schlechten Amtsführung und üblen Lebensart removirten H. C. F. Wegener ernannt, starb 26. Octbr. 1801.
14) Gustav Friedrich Döllen, geboren 13. Juni 1773, introducirt 17. October 1802, starb 22. Febr. 1841.
15) Christian Gottlieb Wilhelm Richter, den 17. April 1842 eingeführt, geb. 18. Juni 1797, † 20. Decbr. 1859.
16) Wilhelm Hermann Ferdinand Krätschell, geboren 14. September 1815 [früher Domcandidat zu Berlin, Hülfsprediger zu h. Grabe, Pastor zu Blankenfelde] eingeführt 6. Januar 1861 bis 1870.

3. Aus dem Kirchenbuche zu Wittmannsdorf.
a. Wunsch zum Beschluß des Kirchenbuchs.

So geht, wie Alles geht, auch dieses Buch zu Ende,
Nachdem es funfzig Jahr der Kirchen Guts gethan.
O Jesu, nimm doch ja in Deine Gnadenhände
Die von der Lehrer Fleiß hier sind gezeichnet an.

Laß die in solcher Zeit, bei dieser Gotts-Gemeine
Zuerst die Welt erblickt und bald drauf durch die Tauf',
Durch Dein hochtheures Blut gewaschen sind ganz rein
Und in Dein Gnadenreich genommen worden auf;

Imgleichen welche aus dem Elend, Trübsal, Jammer,
Gefahr, Verfolgung, Müh, ja aller Angst und Noth,
Aus diesem Thränenthal in ihre Ruhekammer
Versetzet worden sind durch einen sanften Tod;

Noch ferner welche sich in Stand der heil'gen Ehe
In Ehren, Lieb' und Treu hier laffen segnen ein,
Und von derselben Zeit viel Bitterkeit und Wehe,
D'ran sie vor nie gedacht, jetzt unterworfen sein;

Zuletzt die, welche sich zum Gnadentisch gefunden,
Wo Christus selbst die Seel' mit seinem Blute tränkt,
Und sie sich da mit ihm auf's Neue hin verbünden
Und in sein theu'r Verdienst im Glauben eingesenkt:

All' diese laß, o Gott und Vater in dem Himmel,
In Deinen Gnadenschutz fest eingeschlossen sein,
Bewahre Leib' und Seel' in diesem Weltgetümmel
Und laß sie einst mit mir in Himmel gehen ein.
Amen.

Also und hiermit schleußt dieses Kirchenbuch, der den Beschluß dieses Buches erlebt und verfertigt hat, mit angehefter Bitte, Gott wolle ihn und alle die Seinen in sein Denk- und Gnadenbuch lassen eingezeichnet sein und bleiben! Amen! In Jesu Namen Amen!

J. Ruß p. t. Pastor in Wittmannsdorf
den 30sten December 1714.

b. Wunsch und Bitte beim Todtenregister
(angefangen 1715).

Mein Gott, hier überreich ich Dir
Die Rolle von den Schafen,
So, wie sie in der Ordnung hier
Aus meiner Heerd entschlafen,
Und bitte Dich
Ganz flehentlich,
Laß sie ruhn in der Erden,
Bis sie verweset werden.

Und wenn einst der Posaunen Schall
Des Erzengels wird klingen,
Und durch die Gräber überall
Bis zu den Todten bringen,
Daß sie sofort

Nach Deinem Wort
Gleich werden auferstehen
Und vor's Gerichte gehen.

Als dann, mein Jesu, hilf, daß ich
 Mit Ruhm und vielen Freuden
Die Seelen all', die Du hast mich
 Durch Dein Wort heißen weiden,
  Berechnen mag,
  Und davon trag
Zum Hirten-Gnadenlohne
Des ew'gen Lebens Krone.

Joh. Ruß.

Anmerkungen.

In dem Landbuch der Provinz Brandenburg von Dr. H. Berghaus 1855 II. S. 605 f. ist die Gründung von Münchehofe auf das Cistercienser-Kloster Dobrilugk zurückgeführt. Dobrilugk war eine Tochter von Volkenrode in Thüringen und von Markgraf Dietrich 1156 gegründet. (Winter Cistercienser S. 147.) Die Grenzen desselben waren schwankend. Als im Jahr 1199 und 1200 die Markgrafen Conrad und Dietrich dem Kloster das ihm von Dietrich I. überwiesene Gebiet bestätigen, müssen sie erst seinen Umfang durch glaubwürdige Zeugen feststellen lassen. Dobrilugk hatte die Fischerei auf der Lank zu Czernestorp (Zernsdorf bei Königs-Wusterhausen) Carl. Landbuch 68.

Markgraf Theodorich von Meissen schenkte dem Kloster 16 Hufen zu Lubs (Lubisch-Leibisch Wohlbrück II. 452). Ludwig Rel. manuscr. I. 28. Hoffmann Sc. rer. lusit IV. 169. Eccard Hist. gen. Sax. 97. Worbs Inv. 62, 63 für das Wohl der Seele seiner Gemahlin.

Es wäre nun möglich, daß diese 16 Hufen von Münchehofe aus, wo sich der Klosterhof befand, etwa eine Stunde von Leibsch bewirthschaftet wären. Indeß die Zugehörigkeit von Leibsch und Münchehofe findet sich erst in späterer Zeit. Im Erbregister von Storkow 1518 Riedel Nov. Codex Diplom. Brandeburgensis I. S. 510 f. steht Leibsch neben Krussnick (Krausnick) und Korten oder Kottin (Köthen) v. S. 51. Erst in der Pfarrmatrikel von 1600 wird es zu Münchehofe gerechnet.

Es hat sich bisher noch keine Urkunde über die Gründung von Münchehofe gefunden. Möglich wäre, daß es auch zu einem anhalt'schen oder thüring'schen Kloster gehört hat, welches diese Besitzungen der entfernten Bewirthschaftung wegen an die Herren von Biberstein, als die Besitzer der Herrschaft Beeskow-Storkow, verkauft hätten. Von diesen kommt es in der zweiten Hälfte des XV. Jhrhdts. an die Herren von Lange. Ist nämlich das bei Einweihung des Klosters Nienburg S. 7 erwähnte Liubsi, gleich Lubs, Lubisch, Leibisch (wenn nicht das zwischen Krausnick und Lübben liegende Dorf Lubolz), so würde dies auf jenes anhaltische Kloster führen. Auch das Kloster Pforte besaß 100 Hufen in der Nähe von Storkow. Während sonst die benachbarten Ortschaften Leibisch, Schadow,

Schwerin, Selchow, Pryros ihre wendische Abstammung verrathen, ist Münchehofe mit den zugehörenden Ortschaften Hermsdorf, Birkholz, Eichholz, Neuendorf unzweifelhaft deutschen Ursprungs. Die Dörfer liegen in einem Umkreise von 1—1½ Stunden, in welchem Münchehofe der Mittelpunkt ist. Die beiden Dörfer Birkholz (Berckholtz) und Neuendorf (Newendorf) kommen noch einmal in der Herrschaft Beeskow=Storkow vor, ersteres zur Parochie Groß= Rietz gehörig, letzteres in der Nähe von Beeskow. Es läßt sich nicht entscheiden, welche Ortschaften früher angelegt sind. Dagegen scheint Schwerin, jetzt zu Selchow bei Storkow eingepfarrt, welches sich auch im Besitz der Herren von Lange und des Grafen von Görz im Anfange des 18. Jhrh. befand, und im Erbregister (Riedel I. XX. S. 511) neben Eichholz und Birkholz aufgeführt ist, früher zur Parochie Münchehofe gehört zu haben, wiewohl es in der Matrikel von 1600 nicht aufgeführt ist. Dem benachbarten Schadow (Schade, später nach Gründung von Neu=Schadow Alt=Schadow genannt), verkaufte beim Beginn des 15ten Jahrhunderts Hans von Kottbus ein Stück Holzung und Wiesewachs, wofür die Bewohner jährlich auf Michaelis ein Schock Groschen zu entrichten haben sollen. (Buchholtz Versuch einer Geschichte der Churmark Brandenburg II. S. 612.) Dagegen verkaufte Abt Dietrich von Dobrilugk an Günther Lange auf Bretschen verschiedene Freiheiten in seinem Walde (Spreewald genannt), die Fischerei in der Spree bis zu den Grenzen des Klosters und für ihn und seine Unterthanen Freiheit Holz zu fällen in den Dörfern Gradis und Kuzekow (Gröditsch und Kuschkow) Dest. lit. I. 97 Worbs Inv. 140.

1) Dr. Berghaus, Landbuch III. S. 675. Goltz, diplomatische Geschichte von Fürstenwalde S. 619.
2) Buchholtz, Versuch einer Geschichte der Churmark Brandenburg Thl. I. S. 411.
3) Buchholtz, II. S. 36.
4) Dr. Riedel, Novus Codex Dipl. Brandenburgensis I. XX. S. 460.
5) Riedel, I. XX. S. 423.
6) Ziethe, die Liebfrauenkirche zu Beeskow und ihre Geschichte. Beeskow 1853.
7) Rönisch (Superintendent zu Storkow), Kirchen= und Pfarr=Matricul. Renovirt 1720 zu Storkow, grün. schwsl. 4 Bd.

paginirt 365 S., außerdem noch 16 Seiten beschrieben, im Pfarrarchiv zu Storkow.
8) Riedel, I. XI. S. 248.
9) Riedel, I. XX. S. 496.
10) Riedel, I. XX. S. 434.
11) Riedel, I. XX. S. 503.
12) Riedel, I. XX. S. 509.
13) Dr. W. Heffter, Lehnin S. 77. 79.
14) Codex Diplomaticus Saxoniae ed. Gersdorf III. S. 341 flg.
15) Martyrologium von W. Löhe. Nürnberg 1868, S. 93.
16) Berghaus, II. S. 572.
17) Riedel, I. XX. S. 358. Cod. Dipl. Sax. II. S. 177.
18) Riedel, XI. S. 236. 237.
19) Berghaus, II. S. 373.
20) Akten der Registratur des Rathhauses zu Brandenburg Litt. P. No. 9.
21) Ziethe, S. 53.
22) Berghaus, Landbuch II. S. 580.
23) Ziethe, S. 16.
24) Riedel, XX. S. 403; Ziethe, S. 13.
25) Pistor. rer. Germ. v. C., Dipl. Sax. II. Vorrede.
26) Buchholtz, II. S. 188; Berghaus, I. 436.
27) Berghaus, I. S. 627.
28) Buchholtz, II. S. 593—598.
29) Cod. Dipl. Sax. III. S. 107 No. 1017; Riedel, I. II. S. 156 ff.
30) Cod. Dipl. Sax. I. S. 141 No. 168.
31) Cod. Dipl. Sax. III. S. 72 No. 981.
32) Buchholtz, II. S. 601.
33) Cod. Dipl. Sax. III. S. 163 No. 1078.
33a.) Cod. Dipl. Sax. II. Vorr. XV. XVI.
34) Riedel, I. XX. S. 380.
35) Cod. Dipl. Sax. II. Vorr. XXII. III. S. 291.
36) Cod. Dipl. Sax. II. Vorr. XXIII.
37) Cod. Dipl. Sax. I. S. 148.
38) Rönisch, Pfarrmatrikel.
39) Cod. Dipl. Sax. I. Vorr. XXIII.
40) Cod. Dipl. Sax. III. S. 165 No. 1081.
41) Heydler, Programm der Ritter-Akademie zu Brandenburg über Bischof Stephan 1865 S. 16.

42) Riedel, I. XX. S. 460.
43) Cod. Dipl. Sax. III. Vorr. X.
44) Cod. Dipl. Sax. III. Vorr. XVI.
45) Dr. Golt, diplomatische Chronik von Fürstenwalde S. 165 f. Fürstenwalde 1837.
46) Riedel, XI. S. 234.
47) Cod. Dipl. Sax. II. Vorr. XXII.
48) Heydler, S. 17. 18; Buchholtz, II. S. 121.
49) Cod. Dipl. Sax. II. S. 159.
50) Buchholtz, II. S. 125.
51) Riedel, I. XX. S. 333.
52) Buchholtz, II. S. 188.
53) Riedel, IV. L. S. 82. 87.
54) Buchholtz, II. S. 600.
55) Heydler, S. 20.
56) Cod. Dipl. Sax. Vorr. Thl. II.
57) Berghaus, Ldbuch II. 561. Worbs Invent. dipl. Lusat. inf. 150. 152.
58) Cod. Dipl. Sax. III. S. 52.
59) Ziethe, S. 12; Golt, S. 74.
60) Ziethe, S. 12 Anmerk.; Golt, S. 81. 82.
61) Berghaus, Landbuch II. S. 402. 403.
62) de la Pierre, Geschichte der Uckermark. Prenzlau 1847. S. 315.
63) de la Pierre S. 304.
64) Cod. Dipl. Sax. III. S. 136 No. 1054.
65) Cod. Dipl. Sax. III. S. 172 No. 1091.
66) Cod. Dipl. Sax. III. S. 188 No. 1123.
67) Ziethe, S. 12.
68) Ziethe, S. 16.
69) Cod. Dipl. Sax. III. S. 270 No. 1251.
70) Cod. Dipl. Sax. III. S. 153 Nr. 1067.
71) Cod. Dipl. Sax. III. S. 159 No. 1075.
72) Cod. Dipl. Sax. III. S. 270. No. 1250.
73) 74) 75) 77) Im Archiv des Königlichen Rentamts zu Königs-Wusterhausen.
76) Golt, S. 167.
78) Riedel, I. XX. S. 402.
79) Riedel, I. XX. S. 434.

80) Riedel, I. XX. S. 444.
81) Riedel, I. XX. S. 510—12.
82) Berghaus, II. S. 566.
83) Cod. Dipl. Sax. III. Vorr. XV.
84) Buchholtz, III. S. 341.
85) Cod. Dipl. Sax. III. S. 324.
86) Goltz, S. 155—161.
87) Riedel, XI. S. 472.
88) Nathusius, Volksblatt für Stadt und Land 1864, S. 312. 315.
89) Cod. Dipl. Sax. III. Vorr. XV.
90) Riedel, IV. 1. S. 100.
91) Dr. Spieker, Lebensgeschichte des Andreas Musculus. S. 163. Frankfurt a. O. 1858.
92) Volksblatt f. Stadt u. Land 1865. S. 33—39.
93) Ph. Wackernagel, das deutsche Kirchenlied. I. S. 785.
94) Ph. Wackernagel, das deutsche Kirchenlied. I. S. 789.
95) Goltz, S. 175. 176.
96) Dr. Adolph Müller, Geschichte der Reformation in der Mark Brandenburg. S. 239.
97) Ziethe, S. 22. 25.
98) Goltz, S. 189 f.
99) Goltz, S. 192.
100) Riedel, I. XX. S. 336 f.
101) Buchholtz, III. S. 357.
102) Berghaus, II. S. 566.
103) Adolph Müller, S. 312. Entwurf einer Agende in der Provinz Brandenburg, I. Auflage 1853. Einleitung des Kurfürsten Johann Georg Agende v. J. 1572, Abdruck Berlin 1846, S. 44. 70. Volksblatt für Stadt und Land 1865. S. 33—39.
104) Adolph Müller, S. 294.
105) Mylius, Corpus Constit. I. 274—340. Spieker, Andr. Musculus S. 195. Adolph Müller S. 313.
106) Rönisch, S. 48 fol.
107) Spieker, Andreas Musculus S. 195.
108) Ziethe, S. 32.
109) Concordia, Ausgabe der symbol. Bücher von Müller, Stuttgart 1848. S. 745.

110) Acten von Münchehofe im Königlichen Consistorium in Berlin.
111) Buchholtz, III. S. 433.
112) Ph. Wackernagel, Kirchenlied I. S. 790.
113) Ziethe, S. 30, 31.
114) Ph. Wackernagel, Kirchenlied I. S. 796. 851.
115) Rönisch, S. 82—92.
116) Goltz, S. 231.
116a.) Rentverzeichniß von Münchehofe im Königl. Rentamt zu Königs-Wusterhausen.
117) Registratur der Königlichen Regierung zu Potsdam. Geistl. Abtheil. Superintend. K.-Wusterhausen.
118) II. Predigt v. 1. Adv. v. 1533. Jen. Ausgabe v. 1559.
119) Spieker, Andreas Musculus S. 353. Mylius Corp. Br. I. 356. Müller, Concordia 1848. Vorr. CX.
120) Buchholtz, III. 571.
121) Goltz, S. 244.
122) Ziethe, S. 34. 35.
123) Spieker, Andr. Musculus, S. 43. 44.
124) Vinzelberg, Geschichte der Stadt Fehrbellin, Neu-Ruppin 1863. S. 23.
125) Versuch einer historischen Schilderung der Hauptveränderung der Religion etcr. der Residenzstadt Berlin I. 1792. S. 192.
126) Aus dem Kirchenbuche von Groß-Kienitz.
127) Ziethe, S. 36.
128) Buchholtz, IV. S. 643.
129) Aus den Kirchenkassen-Rechnungen von Selchow bei Berlin 1635—1648.

„1635 3 vertriebenen Pfarrherren aus Böhmen . . . 5 gr.
  1636 Einer Pfarrfrau . . . . 1 gr.
    1 vertriebener Pfarrer von Belzig . . . . 2 gr.
    custodi . . . . 2 gr.
  1637 Ein Rathsherr aus Belzig, so des Consistorii
    intercession schreiben gezeigt . . . . . . 5 gr.
    armen vertriebenen Leuten . . . . . . 8 gr.
  Dem Diaconus aus Belzig auf Interceision des
    Herrn praepositi durch die Currend ange-
    kündigt . . . . 6 gr.
  1638 Abgebrannten Leuten, so Zeugniß gehabt . . 5 gr.

Vertriebenen Pfarrherren, deren es viel geben . 6 gr.
1639 3 böhmischen Exulanten, deren 2 Pfarrer und
1 Schulmeister gewesen . . . . 9 gr.
1642 Einem vertriebenen Pfarrer aus Böhmen Matthias Caupani (?), so sich eine Zeit in Berlin aufgehalten und des Herrn praepositi Intercessions-Schreiben gezeigt am 24. Januar . . 4 gr.
Einem alten Pfarrer auf dem Rückwege mit Weib und Kind . . . . 3 gr.
1648 einem abgebrannten Mann aus Schlesien . . 4 gr.
einem vertriebenen Schul-Cantori . . . . . 2 gr.
1650 In diesem Jahre ward am 6. Nov. das große Dankfest nach geendigtem 30jährigen schweren Kriege im ganzen Lande solenniter gefeiert."

130) Rönisch, S. 360. 361.
131) Golt, S. 284.
132) Golt, 628.
133) Die Urkunden über die Remotionen von Hanischius Adam Ebert, sowie die Mittheilungen über Lentz und die Brandenburger Pastoren befinden sich im Kgl. Geheimen Staatsarchiv zu Berlin.
134) Golt, S. 284. 287.
135) Ziethe, S. 41. 42.
136) Bericht vom Inspector Müller im Kirchenkassenbuch v. J. 1716 zu Münchehofe.
137) Bericht des Pastors Claudius ebendas.
138) Designation der Pfarre zu Münchehofe v. J. 1716 im Besitz der Königl. Regierung, Abth. II., zu Potsdam.
139) Rönisch, S. 363.
140) Urkunden über den Ankauf der Herrschaft Königs-Wusterhausen befinden sich im Königl. Geheimen Staatsarchiv und im Königlichen Rentamte Königs-Wusterhausen. Dort befinden sich mehrere Hundert Lehnbriefe der früheren Besitzer der einzelnen Güter der Herrschaft aufbewahrt.
141) Berghaus, II. S. 592.
142) Im Geheimen Staatsarchiv.
143) Matrikel von 1746.
144) Ziethe, S. 46.
145) Golt, S. 437.

148) Ziethe. S. 51.
149) Ueber die täglichen Gottesdienste im Dom zu Brandenburg berichtet Dr. theol. A. Schröder daselbst: „Es ist wohl mit Gewißheit anzunehmen, daß bis zum Jahr 1810 d. h. bis zum Edict der geistlichen Stifter und deren Suspension noch täglicher Gottesdienst im Dom Statt gefunden hat durch Absingung der horae aus dem noch vorhandenen großen Psalterium, also Matutin Morgens um 5 Uhr, nach dem Geläut, und Vespern Abends 8 Uhr, ebenfalls nach Geläut. Es waren statt der Domherren 3 Vicarien angestellt... Späterhin hatte sich dies Horassingen darauf reducirt, daß nur Sonntags unmittelbar nach dem Einläuten, vor Anfang des eigentlichen Gottesdienstes, ein Vicar vom Hochaltar aus intonirte, und einer vom Orgelchor aus respondirte, je nach der Fest- oder Kirchenzeit ein Agnus Dei anstimmte, oder ein Gloria, oder ein Dona pacem, oder Kyrie... Die Vicarien versahen die Aemter des Cantors, Küsters, Organisten." (Auf dem Orgelchor respondirten auch Schulkinder.) „Ob Meßgewänder noch bei unserm evangelischen Cultus gebraucht sind, kann ich nicht mit Sicherheit sagen; doch ist es für das vorige Jahrhundert noch wahrscheinlich."

In den Brandenburger Kirchen fand der Gebrauch der alten Meßgewänder ebenfalls Statt, der Alba bedient man sich bei der Administration des h. Abendmahls. In einigen Gegenden hat er sich noch erhalten; so z. B. in Märkisch-Friedland, wo in der Christmette nach einer Procession der Schützen ꝛc. mit Wachskerzen und an den übrigen hohen Festtagen des Jahres vom Geistlichen im Meßgewand mit Chorknaben der Gottesdienst celebrirt wird.

Von Friedrich dem Großen wird erzählt, daß er die Aufhebung des Brandenburger Domstifts schon soll beabsichtigt haben, und zuvor noch eines Morgens von Potsdam nach Brandenburg deshalb geritten, um selbst nachzusehen. Allein hörte er dort in der Frühe die alten Versikeln und Respensorien von den Vicarien am Altar und Orgelchor. Und diese Treue im Abwarten des täglichen Gottesdienstes habe ihn bewogen, das Domstift in seinem Bestande zu belassen.